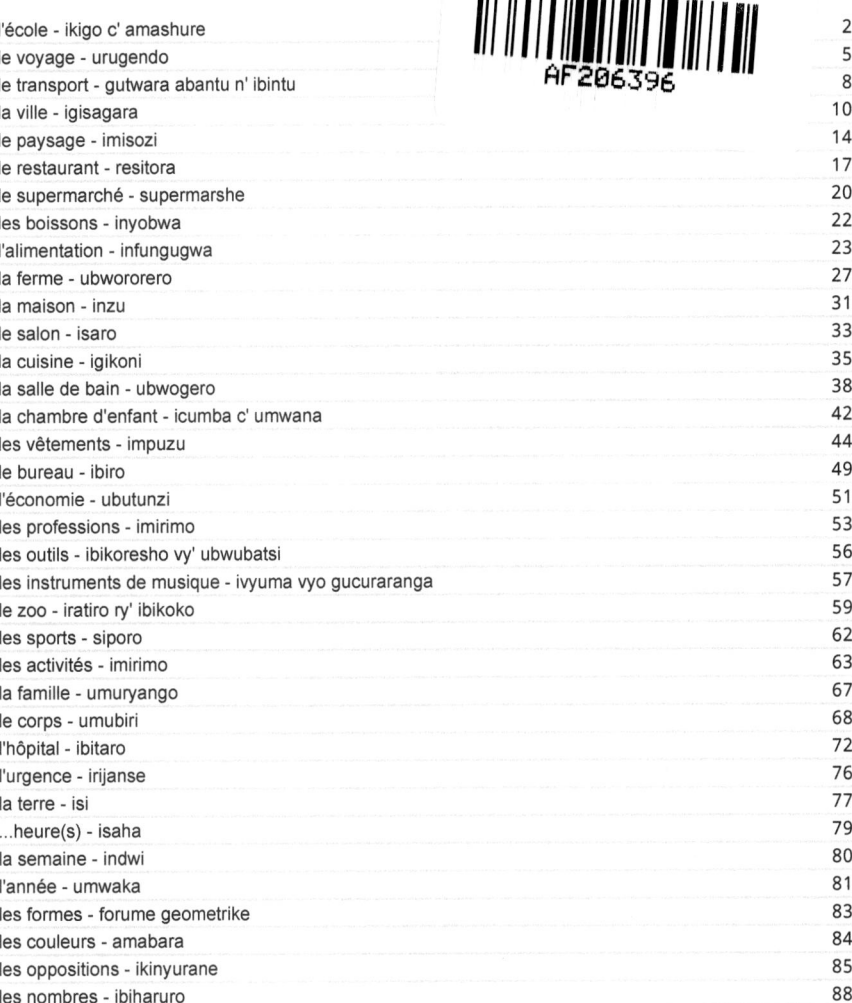

Impressum
Verlag: BABADADA GmbH, Nedderfeld 112 , 22529 Hamburg
Geschäftsführer / Verlagsleitung: Harald Hof
Druck: Books on Demand GmbH, In de Tarpen 42, 22848 Norderstedt

Imprint
Publisher: BABADADA GmbH, Nedderfeld 112 , 22529 Hamburg, Germany
Managing Director / Publishing direction: Harald Hof
Print: Books on Demand GmbH, In de Tarpen 42, 22848 Norderstedt

l'école
ikigo c' amashure

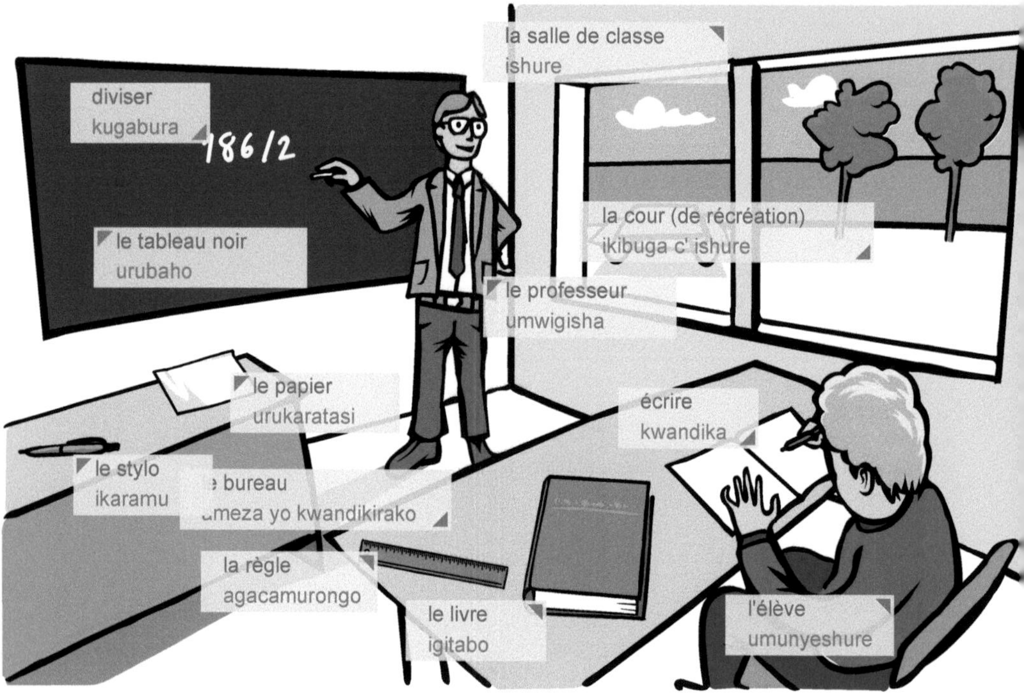

la salle de classe
ishure
diviser
kugabura
186/2
le tableau noir
urubaho
la cour (de récréation)
ikibuga c' ishure
le professeur
umwigisha
le papier
urukaratasi
écrire
kwandika
le stylo
ikaramu
e bureau
meza yo kwandikirako
la règle
agacamurongo
le livre
igitabo
l'élève
umunyeshure

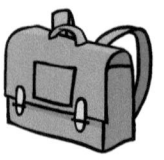

le cartable

isakoshi y'' ishure

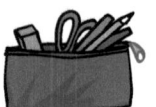

la trousse

agasaho k' amakaramu

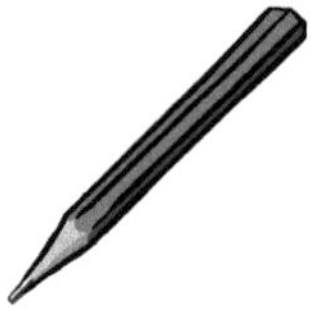

le crayon

ikaramu y igiti

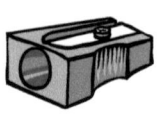

le taille-crayon

agasongozo k ikaramu y igiti

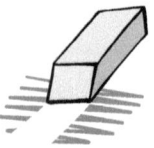

la gomme

igome

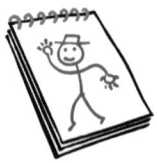

le carnet à dessin

ikaye yo gucapamwo

le dessin
igicapo

le pinceau
ikaramu bacapisha irangi

la boîte de peinture
agasandugu kamabara

les ciseaux
imikasi

la colle
kore

le cahier d'exercices
ikaye y' imyimenyerezo

les devoirs
myimenyerezo yo muhira

le chiffre
igiharuro

additionner
guteranya

soustraire
gukuramwo

multiplier
kugwiza

calculer
guharura

la lettre
urudome

ABCDEFG
HIJKLMN
OPQRSTU
VWXYZ

l'alphabet
indome

le mot
ijambo

le texte

igisomwa

lire

gusoma

la craie

ingwa

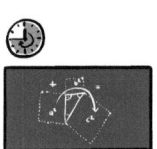

la leçon

icigwa

le livre de classe

igitabo c' ishure

l'examen

ikibazo

le certificat

impamyabushobozi

l'uniforme scolaire

impuzu y' ishure

la formation

kwiga

le lexique

kazinduzi

l'université

kaminuza

le microscope

mikorosikopi

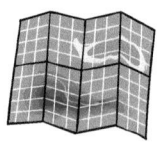

la carte

ikarata

la corbeille à papier

agaseke bajugunyamo
amakaratasi

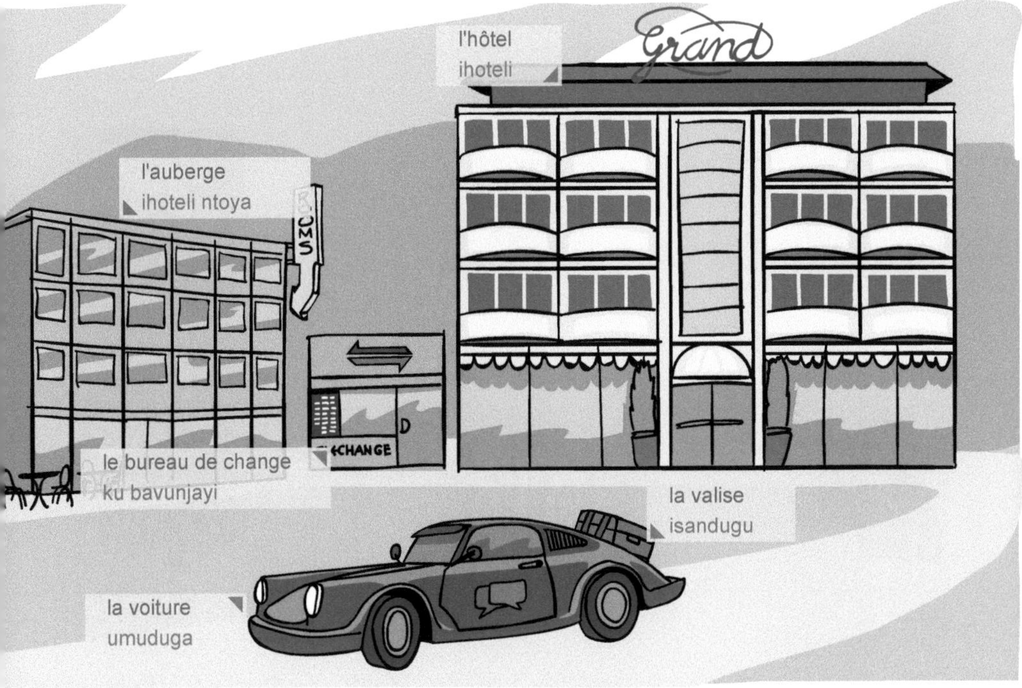

l'hôtel
ihoteli
Grand
l'auberge
ihoteli ntoya
CHANGE
le bureau de change
ku bavunjayi
la valise
isandugu
la voiture
umuduga

la langue
ururimi

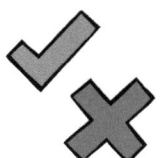

oui / non
ego / oya

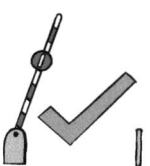

d'accord
ego

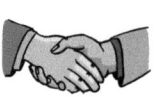

Salut
amahoro!

l'interprète
umuntu asigura

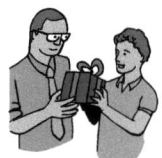

merci
ndashimye

Combien coûte...?

ni angahe?

Je ne comprends pas

sindabitahura

le problème

ingorane

Bonsoir !

mwiriwe!

Bonjour !

mwaramutse

Bonne nuit !

ijoro ryiza!

Au revoir

nakagaruka

la direction

inzira

les bagages

imizigo

le sac

igapo

le sac-à-dos

isaho baheka mu mugongo

l'hôte

umushitsi

la pièce

icumba

le sac de couchage

umufuko wo kuraramo mu
rugendo

la tente

ihema

l'office de tourisme

kumenyesha ingenzi

la plage

ku musenyi

la carte de crédit

ikarata y' amahera

le petit-déjeuner

ifunguro rya mugatondo

le déjeuner

ifunguro ryo ku murango

le dîner

ifunguro ry 'ijoro

le billet

itike

l'ascenseur

ingazi y' umuyagankuba

le timbre

umukono

la frontière

umupaka

la douane

duwane

l'ambassade

ubuserukizi bw' igihugu

le visa

viza

le passeport

pasiporo

le transport

gutwara abantu n' ibintu

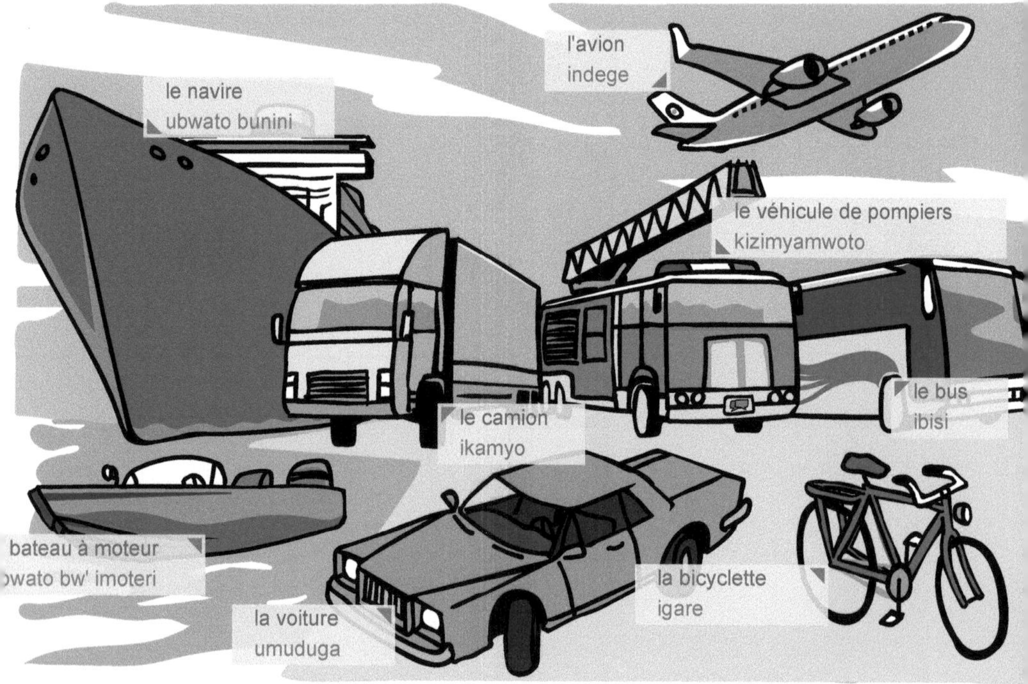
l'avion
indege
le navire
ubwato bunini
le véhicule de pompiers
kizimyamwoto
le bus
ibisi
le camion
ikamyo
bateau à moteur
wato bw' imoteri
la bicyclette
igare
la voiture
umuduga

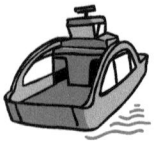

le ferry

ubwato bunini

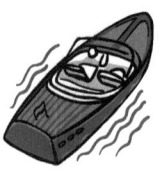

la barque

ubwato

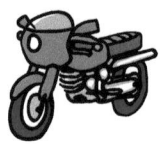

la moto

ipikipiki

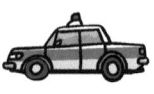

la voiture de police

umuduga w' igipolisi

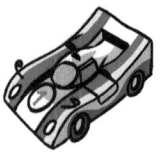

la voiture de course

umuduga wa kuruse

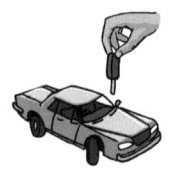

la voiture de location

umuduga bakodesha

l'auto-partage

gukoresha imodoka imwe muri benshi

la voiture de remorquage

uruduga ruheka izindi

la benne à ordures

umuduga utwara umucafu

le moteur

imoteri

l'essence

igitoro

la station d'essence

ubunywero bw'ibitoro

le panneau indicateur

irango vyo ku mabarabara

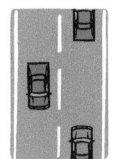

le trafic

uruja n' uruza

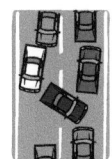

l'embouteillage

akajagari k' imiduga mw' ibarabara

le parking

igituro c' imiduga

la gare

igituro ca gari ya moshi

les rails

ibarabara rya gari ya moshi

le train

gari ya moshi

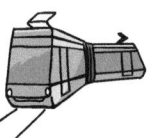

le tramway

gari ya moshi bita tram

le wagon

igipande ca gari ya moshi

l'hélicoptère

kajugujugu

l'aéroport

ikibuga c' indege

la tour

umunara

le passager

ingenzi

le conteneur

konteneri

le carton

ikarato

le chariot

isharete

la corbeille

icibo

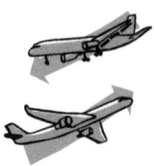

décoller / atterrir

kuguruka / kugwa

la ville

igisagara

le village

umutumba

le centre-ville

hagati mu gisagara

la maison

inzu

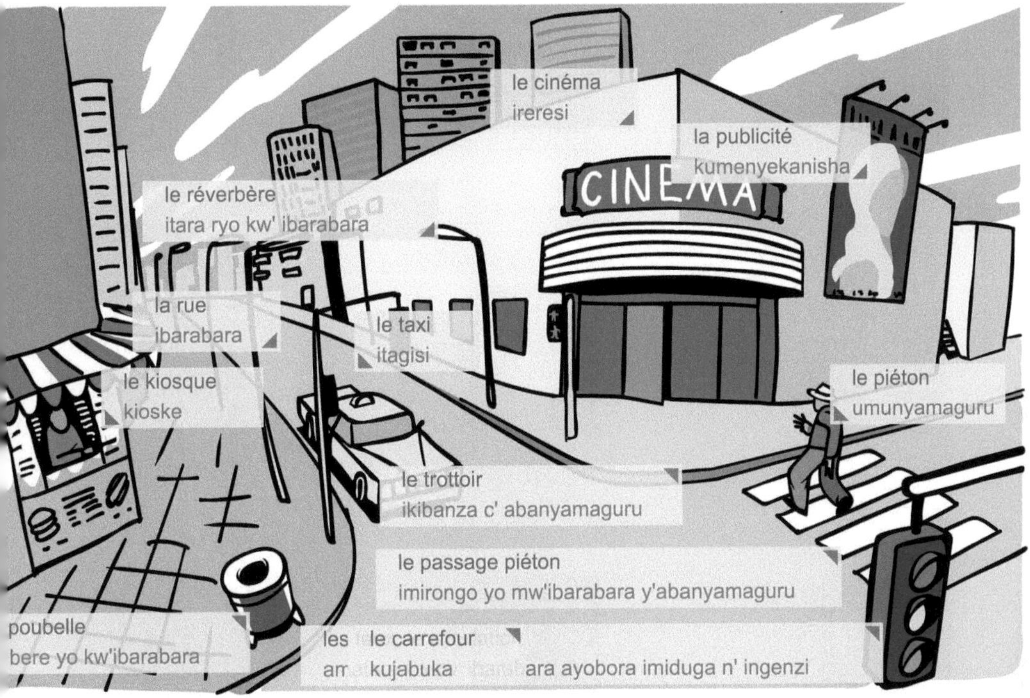

le cinéma
ireresi

la publicité
kumenyekanisha

le réverbère
itara ryo kw' ibarabara

la rue
ibarabara

le taxi
itagisi

le kiosque
kioske

le piéton
umunyamaguru

le trottoir
ikibanza c' abanyamaguru

le passage piéton
imirongo yo mw'ibarabara y'abanyamaguru

poubelle
bere yo kw'ibarabara

les le carrefour
am kujabuka ara ayobora imiduga n' ingenzi

la cabane

akazu k' ikirundi

l'appartement

aparitema

la gare

igituro ca gari ya moshi

la mairie

meri

le musée

iratiro ry' ivyakera

l'école

ikigo c' amashure

la ville - igisagara

11

l'université

kaminuza

la banque

ibanki

l'hôpital

ibitaro

l'hôtel

ihoteli

la pharmacie

farumasi

le bureau

ibiro

la librairie

aho badandaza ibitabo

le magasin

akaduka

le fleuriste

umudandaza w'amashugwe

le supermarché

supermarshe

le marché

isoko

le grand magasin

iduka

la poissonnerie

umudandaza w' amafi

le centre commercial

ihuriro ry'amaduka

le port

ikivuko

le parc

ikibanza batemberamwo

la banque

intebe ndende

le pont

ikiraro

les escaliers

ingazi

le métro

gari ya moshi bita métro

le tunnel

ibarara ry' indani y' isi

l'arrêt de bus

igituro c' amabisi

le bar

ubunywero

le restaurant

resitora

la boîte à lettres

ahaja amakete

le panneau indicateur

ikirango co kw' ibarabara

le parcmètre

isaha yo ku gituro c'
imiduga

le zoo

iratiro ry' ibikoko

le réverbère

pisine

la mosquée

umusigiti

la ferme
ubwororero

la pollution
konona ibidukikije

la cimetière
akaburi

l'église
kw'isengero

l'aire de jeux
ikibuga

le temple
inyubako za kera bita temple

le paysage
imisozi

la feuille
ikibabi

le panneau indicateur
ivyapa

le chemin
inzira

le pré
ubwatsi bita gazon

la pierre
ibuye

le randonneur
umuntu atembera kure n' amaguru

l'arbre
igiti

la rivière
uruzi

l'herbe
ubwatsi

la fleur
ishugwe

la vallée
ikiyaya

la montagne
umusozi

le lac
ikiyaga

la forêt
ishamba

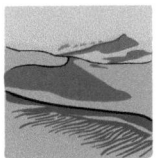

le désert
ubugaragwa

le volcan
ikirunga

le château
ishato

l'arc-en-ciel
umunywamazi

le champignon
ikizinu

le palmier
ikigazi

le moustique
umubu

la mouche
isazi

les fourmis
urutozi

l'abeille
uruyuki

l'araignée
igitangurigwa

le coléoptère

agakoko gato bita
coléoptère

la grenouille

igikere

l'écureuil

agakoko bita écureuil

le hérisson

ikinyogote

le lièvre

urukwavu

la chouette

igihuna

l'oiseau

inyoni

le cygne

imbata

le sanglier

ingurube y' ishamba

le cerf

idubu

l'élan

igikoko bita élan

le barrage

urugomero

l'éolienne

icuma gitanga
umuyagankuba

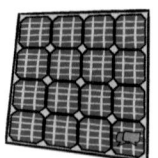

le panneau solaire

ikimuri c' imishwarara

le climat

igihe

le restaurant
resitora

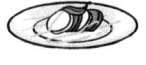

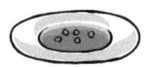

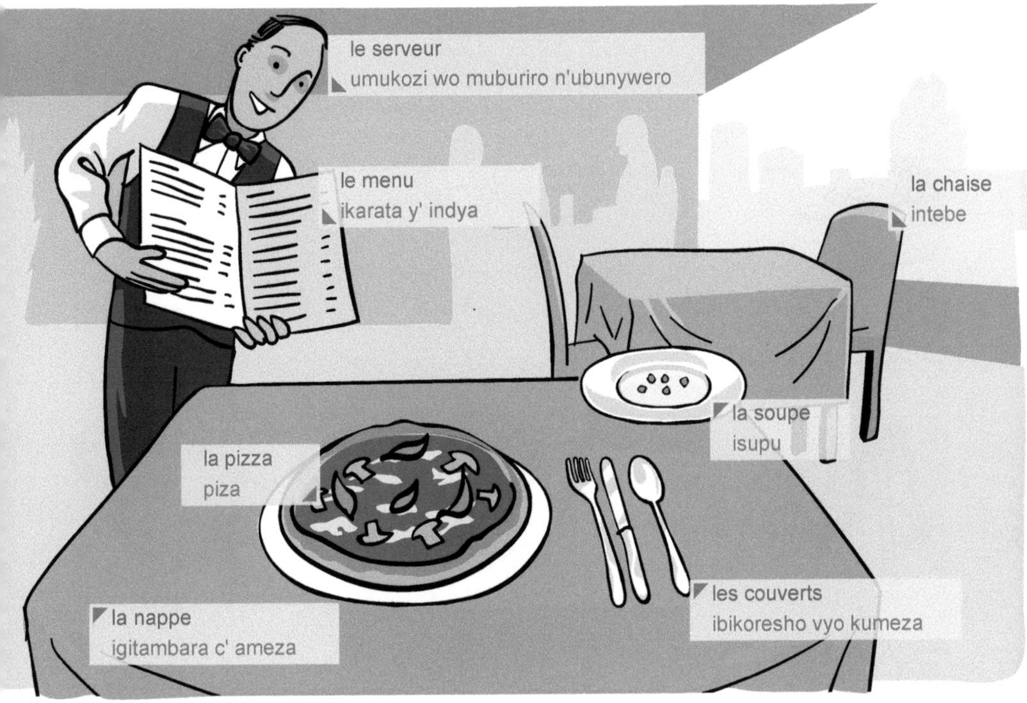
le serveur
umukozi wo muburiro n'ubunywero
le menu
ikarata y' indya
la chaise
intebe
la soupe
isupu
la pizza
piza
les couverts
ibikoresho vyo kumeza
la nappe
igitambara c' ameza

les hors d'œuvre

indya y' ibanze

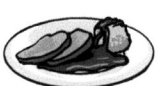

le plat principal

indya nkuru

le dessert

deseri

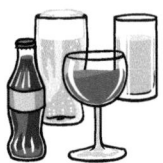

les boissons

inyobwa

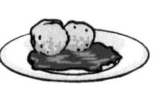

l'alimentation

infungugwa

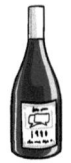

la bouteille

icupa

le fast-food

infungugwa batekanye ingoga

les plats à emporter

Infungugwa barya bagenda

la théière

ibirika y' icayi

le sucrier

agakopo k' isukari

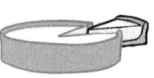

la portion

igipande c' indya

la machine à expresso

imachini ikora espresso

la chaise haute

intebe ndende

la facture

inyemazabuguzi

le plateau

ako batwarako infungugwa

le couteau

imbugita yo kumeza

la fourchette

ikanya

la cuillère

ikiyiko

la cuillère à thé

akayiko k' icayi

la serviette

seriviyeti

le verre

ikirahuri

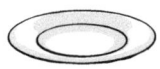

l'assiette
isahani

l'assiette à soupe
isahani y' isupu

la soucoupe
isutasi

la sauce
isosi

la salière
akanyanyagiza umunyu ku ndya

le moulin à poivre
agasya ipiripiri

le vinaigre
vinaigre

l'huile
amavuta

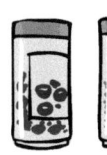

les épices
indyoshandya

le ketchup
kecapu

la moutarde
mutaride

la mayonnaise
mayoneze

le supermarché
supermarshe

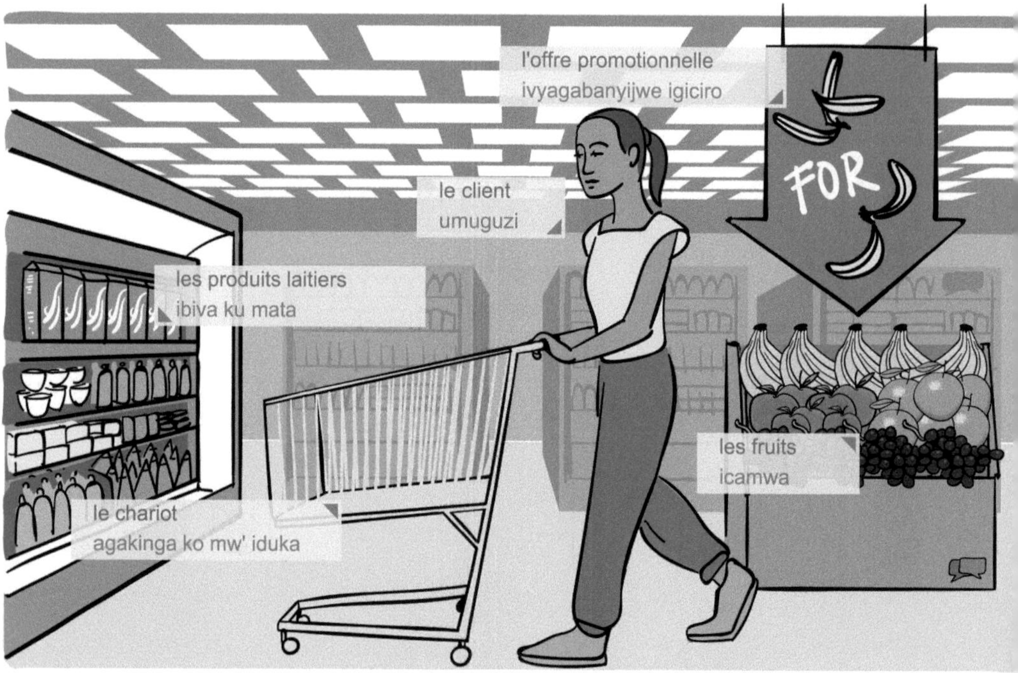

l'offre promotionnelle
ivyagabanyijwe igiciro
FOR
le client
umuguzi
les produits laitiers
ibiva ku mata
les fruits
icamwa
le chariot
agakinga ko mw' iduka

BUTCHERS

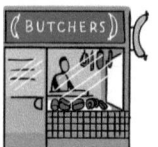

la boucherie

amacuniro

BAKERY

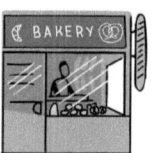

la boulangerie

iburangeri

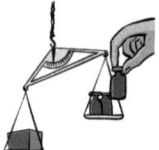

peser

gupima

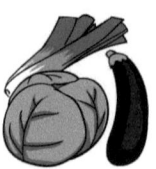

les légumes

imboga

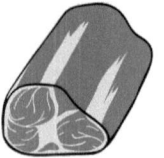

la viande

inyama

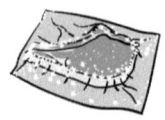

les aliments surgelés

Imfungurwa zikanye cane

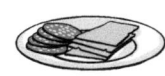

la charcuterie

fungugwa bita charcuterie
en tranches

les conserves

amafunguro yo mu
mabwate

la poudre à lessive

isabune yo kumesura

les bonbons

ibisosa

les articles ménagers

ibikoresho vyo muhira

les détergents

ibikoresho vy'isuku

la vendeuse

umudandaza

la caisse

kese

le caissier

umuntu yakira amahera

la liste d'achats

urutonde rw' ibidandazwa

les heures d'ouverture

amasaha yo kugurura

le portefeuille

ingodomoni

la carte de crédit

ikarata y' amahera

le sac

isakoshe

le sac en plastique

ishakoshe ya parastike

l'eau

amazi

le jus de fruit

umutobe

le lait

amata

le coca

koka

le vin

umuvinyo

la bière

ikiyeri

l'alcool

inzoga

le chocolat chaud

kakao

le thé

icayi

le café

ikawa

l'expresso

ikawa yitwa espresso

le cappuccino

ikawa yitwa kapucino

la banane

umuhwi

la pomme

ipome

l'orange

umucungwe

le melon

icamwa bita melon

le citron.

indimu

la carotte

ikaroti

l'ail

igitungurusumu

le bambou

umugano

l'oignon

igitunguru

le champignon

ikizinu

les noisettes

ibiyoba

les pâtes

amakaroni

les spaghetti

spagetti

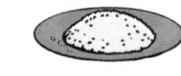

le riz

umuceri

la salade

isarade

les pommes frites

ifiriti

les pommes de terre rôties

ifiriti

la pizza

piza

le hamburger

hamburugere

le sandwich

sandwich

l'escalope

infungugwa bita escalope

le jambon

jambo

le salami

salami

la saucisse

isosiso

le poulet

inyama y' inkoko

le rôti

umusoso

le poisson

ifi

les flocons d'avoine

nfungugwa bita flocons d' avoine

le muesli

imfungugwa bita müsli

les cornflakes

infungugwa bita corn - flakes

la farine

ifarini

le croissant

umukate bita croissant

les petits-pains

umukate muto

le pain

umukate

le pain grillé

umukate bashusha

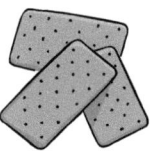

les biscuits

ibisuguti

le beurre

amavuta

le fromage blanc

iforomaji yera

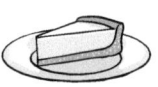

le gâteau

igato

l'œuf

irigi

l'œuf au plat

amafunguro bita oeuf au plat

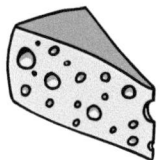

le fromage

iformaji

la glace

infungugwa bita crème glacée

le sucre

isukari

le miel

ubuki

la confiture

ikonfitire

la crème nougat

imfungugwa bita praliné

le curry

infungugwa bita curry

la ferme
ubwororero

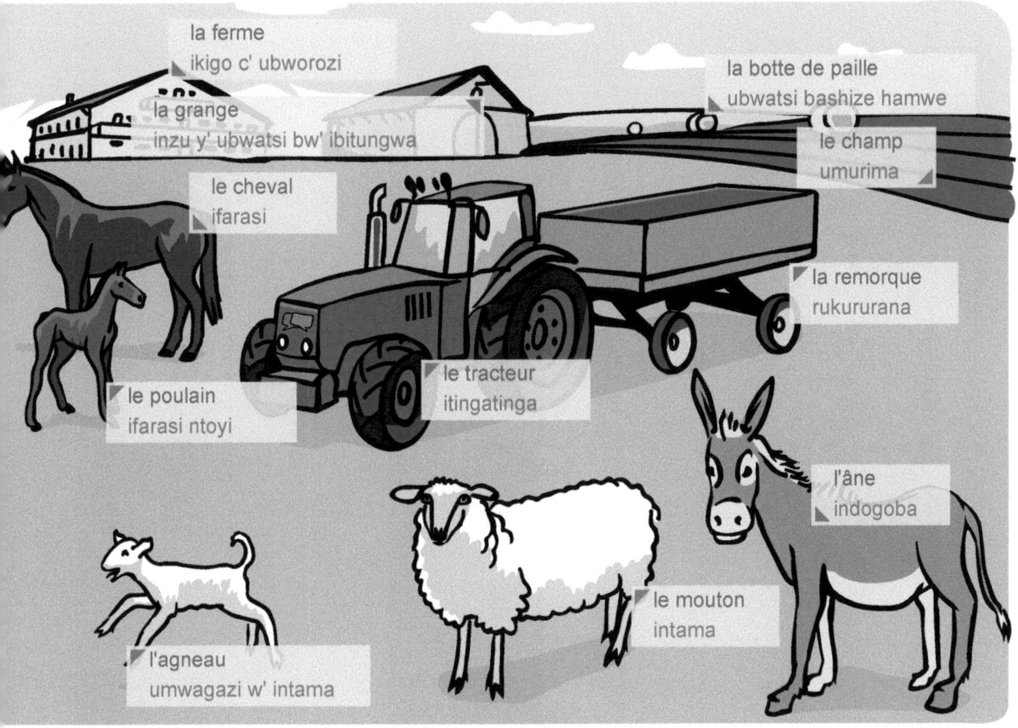
la ferme
ikigo c' ubworozi
la botte de paille
ubwatsi bashize hamwe
la grange
inzu y' ubwatsi bw' ibitungwa
le champ
umurima
le cheval
ifarasi
la remorque
rukururana
le tracteur
itingatinga
le poulain
ifarasi ntoyi
l'âne
indogoba
le mouton
intama
l'agneau
umwagazi w' intama

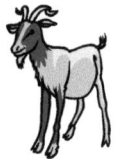

la chèvre
impene

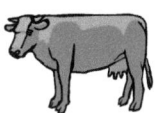

la vache
inka

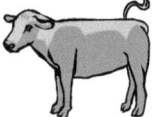

le veau
inyana

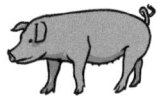

le porc
ingurube

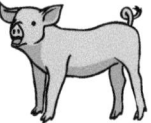

le porcelet
ikibuguru

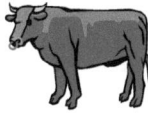

le taureau
impfizi

l'oie

inyoni yitwa oie

le canard

imbata

le poussin

umuswi

la poule

inkokokazi

le coq

isake

le rat

imbeba nini

le chat

akayabu

la souris

imbeba

le bœuf

ishuri

le chien

imbwa

le chenil

umusaka w'imbwa

le tuyau de jardin

umuringoti wo kuvomerera umurima

l'arrosoir

ico bakoresha basukira amashurwe

la faucheuse

urukero

la charrue

majagu

la faucille

umuhoro

la pioche

isuka

la fourche

ikinyanyagiza ibitabizo irya n'ino

la hache

ishoka

la brouette

inkorofani

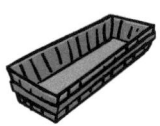

la cuve

ubwato

le pot à lait

icansi

le sac

umufuko

la clôture

urugo

l'étable

indaro y' ibitungwa

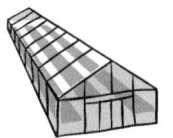

le serre

utuzu bashusha kugirango ibimera birimwo bikure

le sol

isi

les semences

imbuto

l'engrais

ifumbire

la moissonneuse-batteuse

imashini yimbura

récolter

kwimbura

la récolte

umwimbu

l'igname

infungugwa bita igname

le blé

ingano

le soja

isoya

la pomme de terre

ikiraya

le maïs

ikigori

le colza

ubwoko bw' ingano bita
colza

l'arbre fruitier

igiti c' ivyamwa

le manioc

imyumbati

les céréales

ibinyantete

la maison
inzu

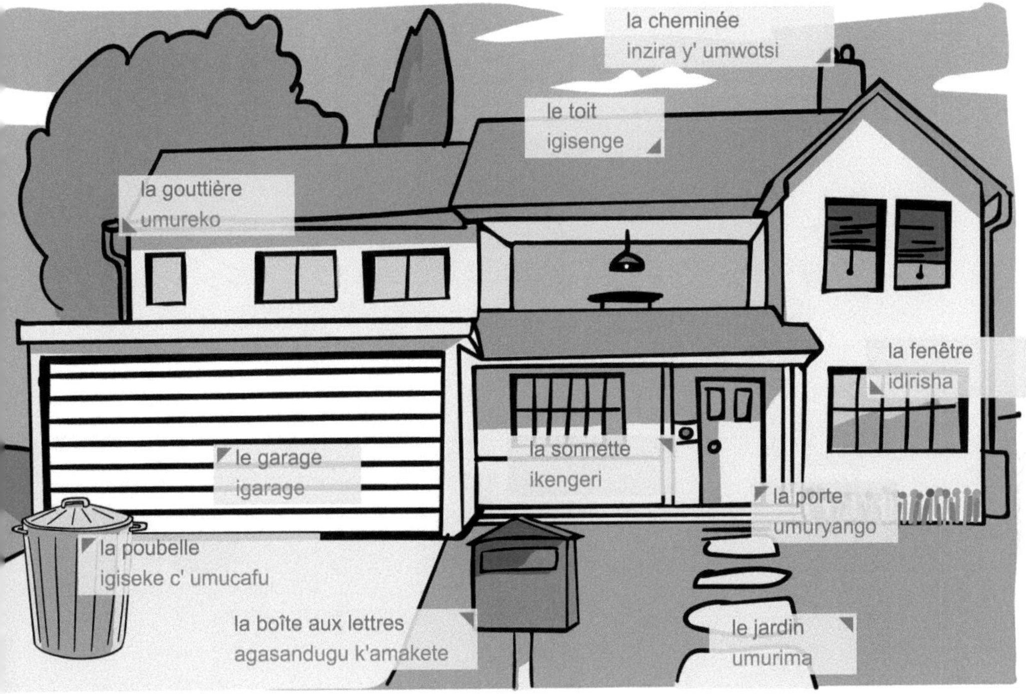

la cheminée
inzira y' umwotsi
le toit
igisenge
la gouttière
umureko
la fenêtre
idirisha
le garage
igarage
la sonnette
ikengeri
la porte
umuryango
la poubelle
igiseke c' umucafu
la boîte aux lettres
agasandugu k'amakete
le jardin
umurima

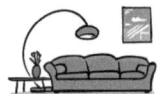

le salon
isaro

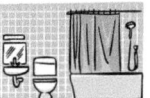

la salle de bain
ubwogero

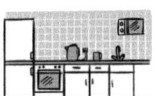

la cuisine
igikoni

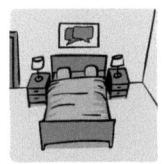

la chambre à coucher
icumba co kuraramo

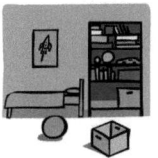

la chambre d'enfant
icumba c' umwana

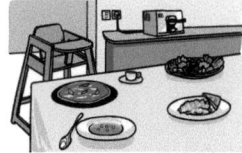

la salle à manger
uburiro

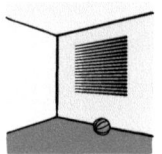

le sol

hasi

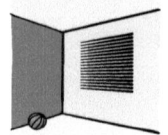

le mur

uruhome

le plafond

igisenge c' inzu

la cave

kave

le sauna

sauna

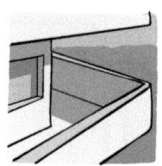

le balcon

ibaraza

la terrasse

ibaraza

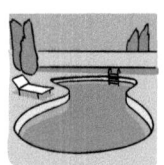

la piscine

aho bogera

la tondeuse à gazon

itondezi

la housse

igikaratasi

la couette

uburengeti

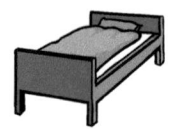

le lit

uburiri

le balai

umweyerezo

le sceau

indobo

l'interrupteur

akabuto

le salon
isaro

le papier peint
igisharizo
l'image
isanamu
la lampe
itara
l'étagère
akabati
l'armoire
akabati
la télé
imboneshakure
la cheminée
igicaniro
la fleur
ishugwe
le coussin
umusagamiro
le sofa
ifoteyi
le vase
ivaze
la télécommande
terekomande

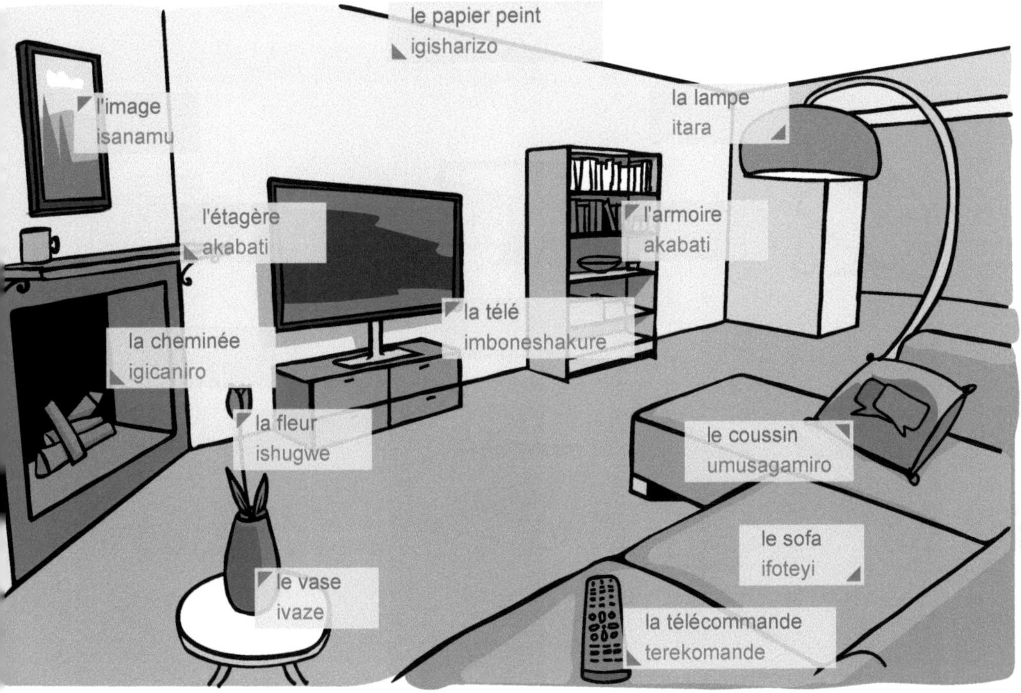

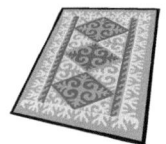

le tapis

itapi

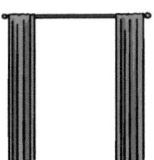

le rideau

irido

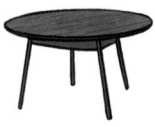

la table

ameza

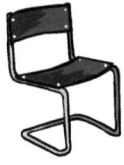

la chaise

intebe

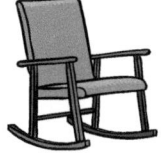

la chaise à bascule

intebe icundera

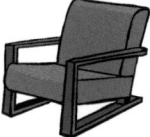

le fauteuil

ifoteyi

le livre

igitabo

la couverture

ikirengeti

la décoration

ibitako

le bois de chauffage

inkwi

le film

ireresi

la chaîne hi-fi

ivyuma vy' umuziki

la clé

urufunguruzo

le journal

ikinyamakuru

la peinture

gusiga amarangi

le poster

isanamu nini

la radio

insamirizi

le bloc-notes

ikaye ndangaminsi

l'aspirateur

asipirateri

le cactus

icimera bita cactus

la bougie

ibuji

la cuisine
igikoni

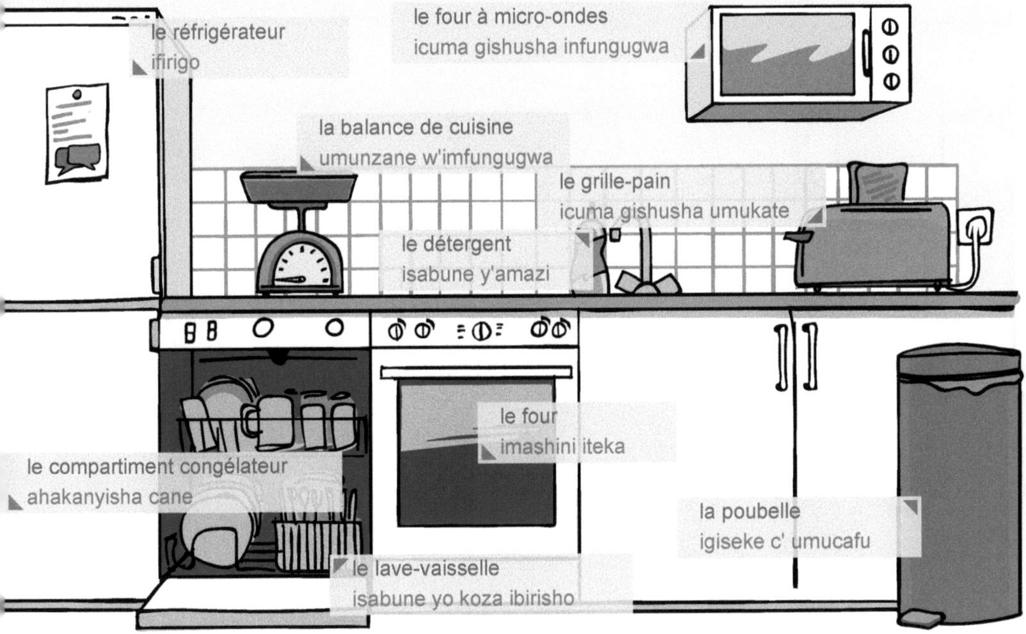
le réfrigérateur
ifirigo
le four à micro-ondes
icuma gishusha infungugwa
la balance de cuisine
umunzane w'imfungugwa
le grille-pain
icuma gishusha umukate
le détergent
isabune y'amazi
le four
imashini iteka
le compartiment congélateur
ahakanyisha cane
la poubelle
igiseke c' umucafu
le lave-vaisselle
isabune yo koza ibirisho

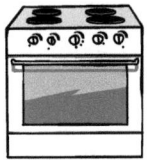

le four
ishiga

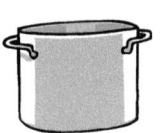

la casserole
isafuriya

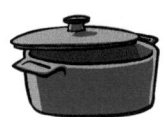

la marmite
isafuriya y' icuma

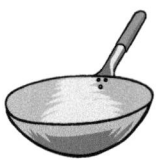

le wok / kadai
ipanu bita wok

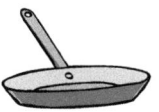

la poêle
ipanu

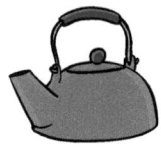

la bouilloire electrique
akuma gashusha amazi

le cuiseur vapeur

isafuriya itekesha umuhisha

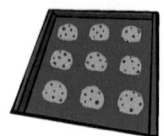

la plaque de cuisson

ico bakorerako imikate

la vaisselle

ibirisho

le gobelet

igikombe

la coupe

ibakure

les baguettes

uduti two kurisha

la louche

icaruzo c' isupu

la spatule

ikimamiro

le fouet

agakubitisho

la passoire

imashini isya ibifungurwa

le tamis

akayunguruzo

la râpe

agakatakata imfungugwa

le mortier

agasekuro

le barbecue

icokerezo

la cheminée

urucaniro

la planche à découper

urubaho rwo gukatirako

le rouleau à pâtisserie

akabaho bakoresha spageti

le tire-bouchon

urupfunguzo rw'umuvinyu

la boîte

agasandugu

l'ouvre-boîte

urupfunguzo
rw'agasandugu

les maniques

ivyo gufatisha isafuriya
ishushe

le lavabo

icogerezo

la brosse

uburoso

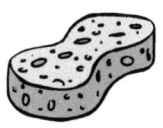

l'éponge

ivyogesho

le mixeur

imigiseri

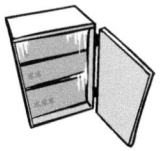

le congélateur

frigo nini ikanyisha cane

le biberon

bibero

le robinet

ivomo

la salle de bain

ubwogero

la douche
kwoga
le chauffage
imashini ishusha mu nzu
la serviette
isume
le rideau de douche
rido yo muri dushe
le bain moussant
koga mu mazi arimwo ifuro ryinshi
la baignoire
benywari
le verre
ikirahuri
la machine à laver
imashini imesura
le robinet
ivomo
le carrelage
amategura
le pot
agasafuriya
le lavabo
icogerezo

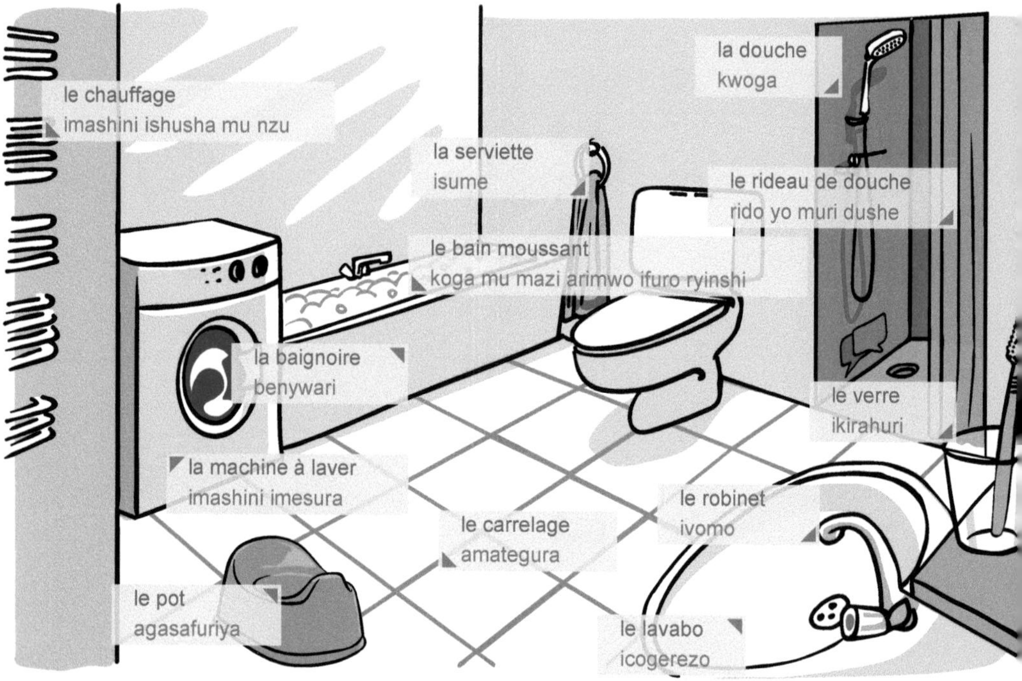

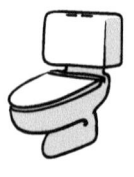

les toilettes

Akazu ka surwumwe

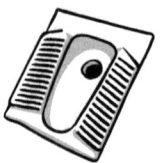

la toilette à la turque

akazu ka surwumwe k'ikirundi

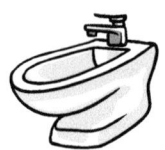

le bidet

akantu gatoya bogeraho

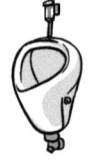

l'urinoir

aho basoba

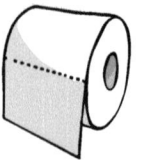

le papier toilette

ibikaratase vyo kwi sukuza mu nzu ya surwumwe

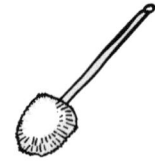

la brosse à toilette

uburoso bwoza akazu ka surwumwe

la brosse à dents
umujigiti

le dentifrice
umuti wo koza amenyo

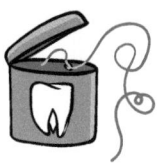

le fil dentaire
utugozi two gusukura amenyo

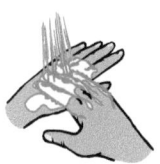

laver
koza

la douche manuelle
ikinyuko

la douche intime
ubwoko bwa dushe

la vasque
ico bakarabiramo intoki

la brosse dorsale
uburoso busukura mu mugongo

le savon
isabune

le gel douche
isabuni yo kwoga

le shampooing
shampo

le gant de toilette
agatambara ko kwisukura

l'écoulement
umuringoti

la crème
amavuta yo kwisiga

le déodorant
iparufe yo mu kwaha

le miroir

icirore

le miroir cosmétique

icirore

le rasoir

imashini imwa ubwanwa

la mousse à raser

ifuro ryo kumwa ubwanwa

l'après-rasage

umuti basiga aho bamoye

la peigne

igisokozo

la brosse

uburoso

le sèche-cheveux

akuma kumutsa umushatsi

la laque pour cheveux

amavuta bapuriza mu mushatsi

le fond de teint

ibikoresho vyo kwipodora

le rouge à lèvres

amavuta afise ibara yo k'umunywa

le vernis à ongles

verni y'inzara

l'ouate

ipampa

le coupe-ongles

umukasi uca inzara

le parfum

iparufe

la trousse de toilette

agasaho k' ivyo kwisukura
ku rugendo

le tabouret

agatebe

le pèse-personne

umunzane

le peignoir

penywari

les gants de nettoyage

udufuko tw' intoke iyo
bakora isuku

le tampon

kotegisi

les serviettes hygiéniques

kotegisi

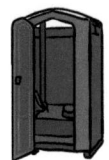

la toilette chimique

ubwoko bw'akazu ka
surwumwe

la chambre d'enfant

icumba c' umwana

le réveil
isaha ivyura
le doudou
agakoko k' agapupe
la voiture jouet
ikijuwe c' umuduga
le hochet
ikijuwe c' ibibondo bita hochet
la maison de poupée
inzu badandaza amapupe
le cadeau
akaganuke

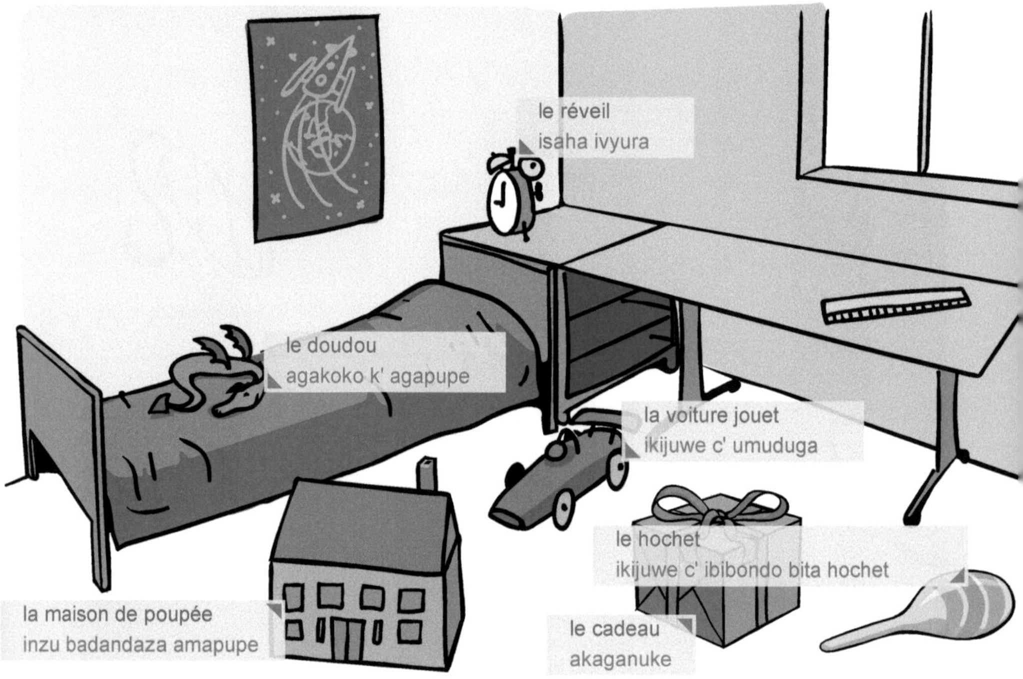

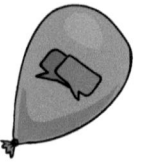

le ballon

igipurizo

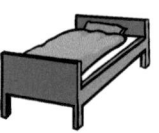

le lit

uburiri

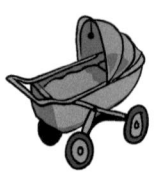

la poussette

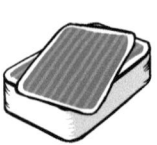

le jeu de cartes

urukino rw' ikarata

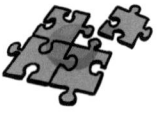

le puzzle

urukino bita puzile

SUPER MEGA

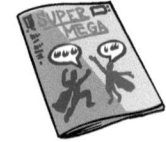

la bande dessinée

ibitabo vy' amashusho

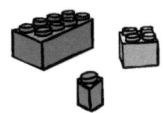

les pièces lego

urukino bita lego

les blocs de construction

ibijuwe vyo kubaka

la figurine

ipupe

la grenouillère

impuzu yo kurarana y abana

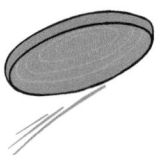

le frisbee

urukino bita frisbi

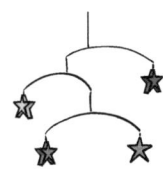

le mobile

udukinisho two ku buriri bw' ibibondo

le jeu de société

urukino rwo kumeza

le dé

agakinisho bita de

le train miniature

gari ya moshi z' ibikinisho

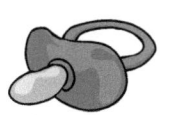

la sucette

madanganya

la fête

umunsi mukuru

le livre d'images

igitabo c' ibicapo

la balle

umupira

la poupée

igipupe

jouer

gukina

la chambre d'enfant - icumba c' umwana

le bac à sable

umusenyi abana
bakiniramwo

la balançoire

uruvuma

les jouets

ikijuwe

la console de jeu

urukino nyabwonko

le tricycle

ikinga ry'amapine atatu

l'ours en peluche

igikoko bita ours c 'ikijuwe

l'armoire

akabati k' impuzu

les vêtements

impuzu

les chaussettes

amashesheti

les bas

amashesheti maremare

le collant

ubwoko bw'impuzu zifata
kandi zigaruka cane

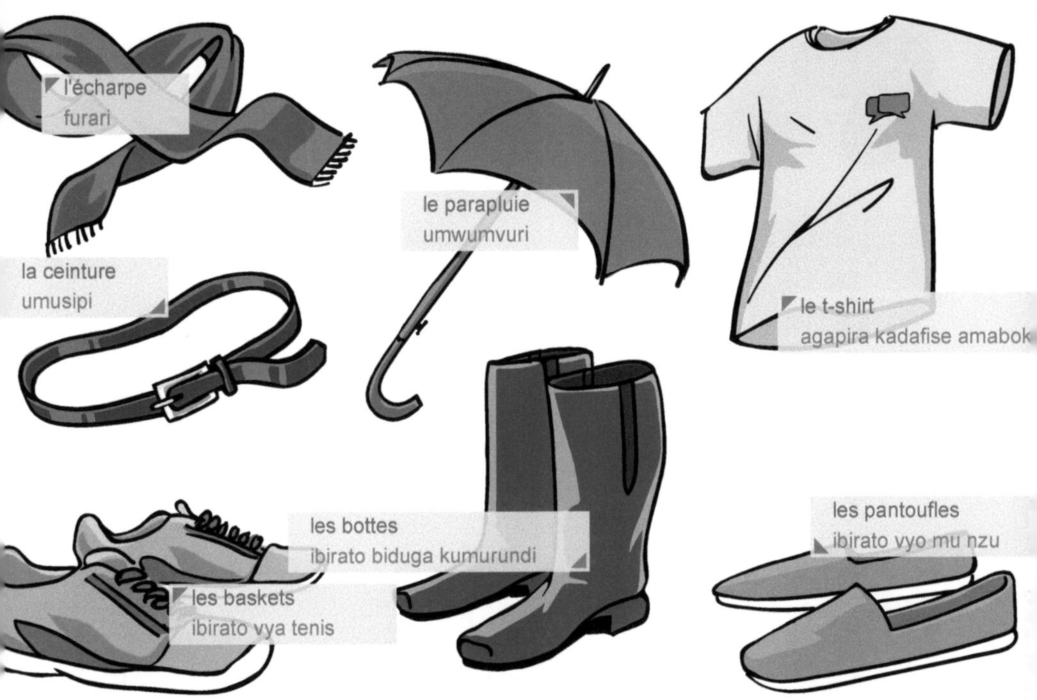

l'écharpe
furari

le parapluie
umwumvuri

le t-shirt
agapira kadafise amabok

la ceinture
umusipi

les bottes
ibirato biduga kumurundi

les pantoufles
ibirato vyo mu nzu

les baskets
ibirato vya tenis

les sandales
isandari

les chaussures
ibirato

les bottes de caoutchouc
ingamiya

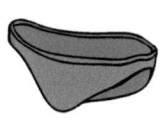

les sous-vêtements
imwesho

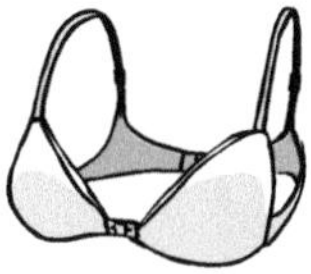

le soutien-gorge
isutiye

le maillot de corps
isengeri

les vêtements - impuzu

le body

impuzu z' imbere

le pantalon

ipantaro

le jean

ijinisi

la jupe

ijipo

le chemisier

agashati koroshe kabagore

la chemise

ishati

le pull

umupira w' imbeho

le sweat à capuche

umupira w'imbeho ufise
inkofero

la veste

blazeri

la veste

ikoti

le manteau

ikoti rirerire

l'imperméable

ikoti y'imvura

le costume

kositime

la robe

ikanzu

la robe de mariée

ikazu y'umugeni

le costume

kositime

la chemise de nuit

ikanzu yo kurarana

le pyjama

impuzu z' ijoro

le sari

imvutano z'abahindi

le foulard

igitambara co mu mutwe

le turban

igitambara co mu mutwe
bita turban

la burqa

impuzu z' abasiramukazi

le caftan

ikanzu bita kaftan

l'abaya

impuzu y' abasiramu

le maillot de bain

impuzu yo kogana

le maillot de bain

impuzu yo kwogana
y'abagabo

le short

imwesho

la tenue d'entraînement

ltereningi

le tablier

itaburiya

les gants

udufuko tw' intoke

le bouton
....
igifungo

les lunettes
....
amarori

le bracelet
....
igikomo

le collier
....
akadede

la bague
....
impeta

la boucle d'oreille
....
ihereni

le bonnet
....
inkofero

le cintre
....
porutemanto

le chapeau
....
inkofero

la cravate
....
karavate

la fermeture éclair
....
imashini

le casque
....
inkofero yo kwikingira

les bretelles
....
imisipi

l'uniforme scolaire
....
impuzu y' ishure

l'uniforme
....
umwambaro rusangi
w'ahantu

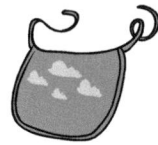

le bavoir

utwo bambika ibibondo iyo birya

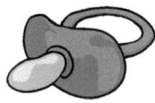

la sucette

madanganya

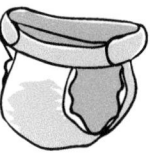

la lange

iranje

le bureau
ibiro

le serveur
seriveri
l'armoire d'archivage
akabati k' ivyangombwa
l'imprimante
empirimante
e papier
rukaratasi
l'écran
ekra
la souris
suri
le bureau
ameza yo kwandikirako
le classeur
ico bashiramwo ivyangombwa
le clavier
karaviye
orbeille à papier
seke bajugunyamo amakaratasi
la chaise
intebe
l'ordinateur
nyabwonko

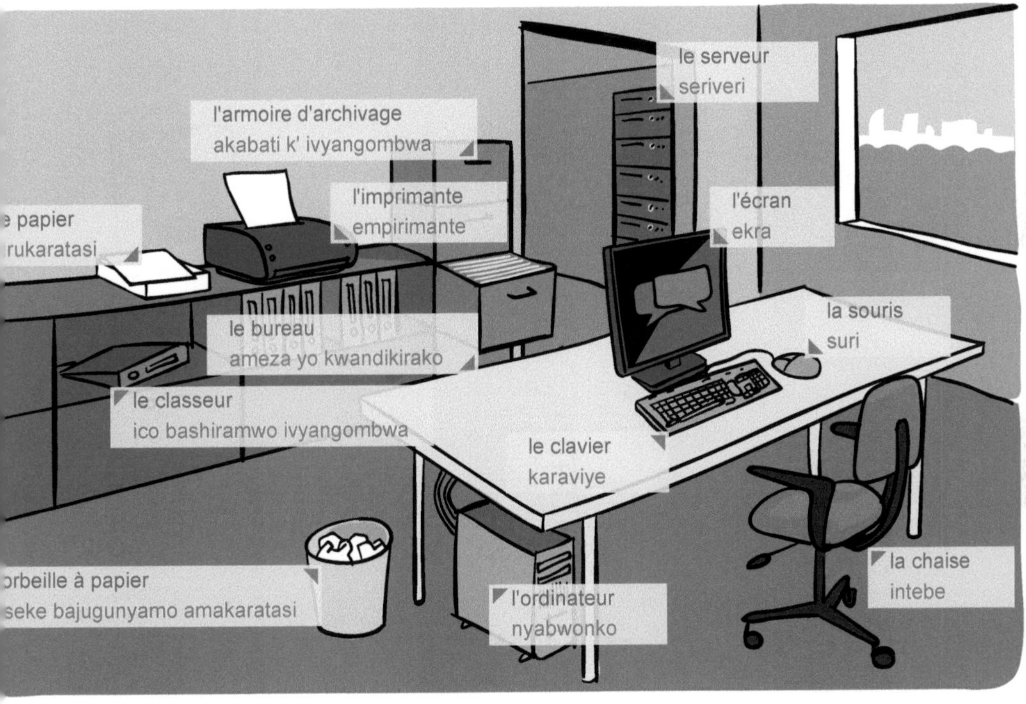

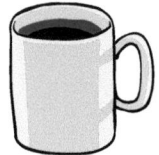

la tasse de café

igikombe c' ikawa

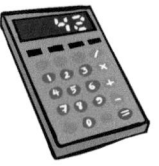

la calculatrice

imashini iharura

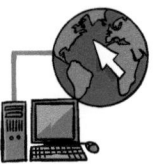

l'internet

ubuhinga ngurukanabumenyi

l'ordinateur portable

inyabwonko ngendanwa

la lettre

ikete

le message

ubutumwa

le portable

telefoni ngendanwa

le réseau

rezo

la photocopieuse

fotokopiyeze

le logiciel

rojisiyeri

le téléphone

telefoni

la prise

purize

le fax

fagisi

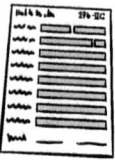

le formulaire

urukaratasi rwo kuzuza

le document

icangombwa

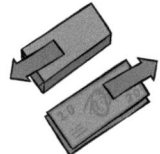

acheter

kugura

payer

kuriha

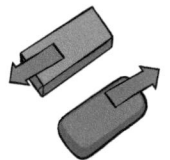

faire du commerce

kudandaza

la monnaie

amahera

le dollar

idorari

l'euro

iyero

le yen

iyene

le rouble

amahera y' abarusiya

le franc suisse

amahera y' abasuwisi

le renminbi yuan

amahera bita renmimbi yuan

la roupie

amahera bita rupi

le distributeur automatique

icuma gitanga amahera

le bureau de change

ku bavunjayi

l'or

inzahabu

l'argent

umujumbu

le pétrole

ipeteroli

l'énergie

inguvu

le prix

ikiguzi

le contrat

amasezerano

la taxe

amakori

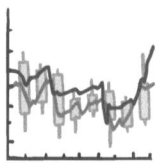

l'action

igice

travailler

gukora

l'employé

umukozi

l'employeur

umukoresha

l'usine

ihinguriro

le magasin

akaduka

les professions
imirimo

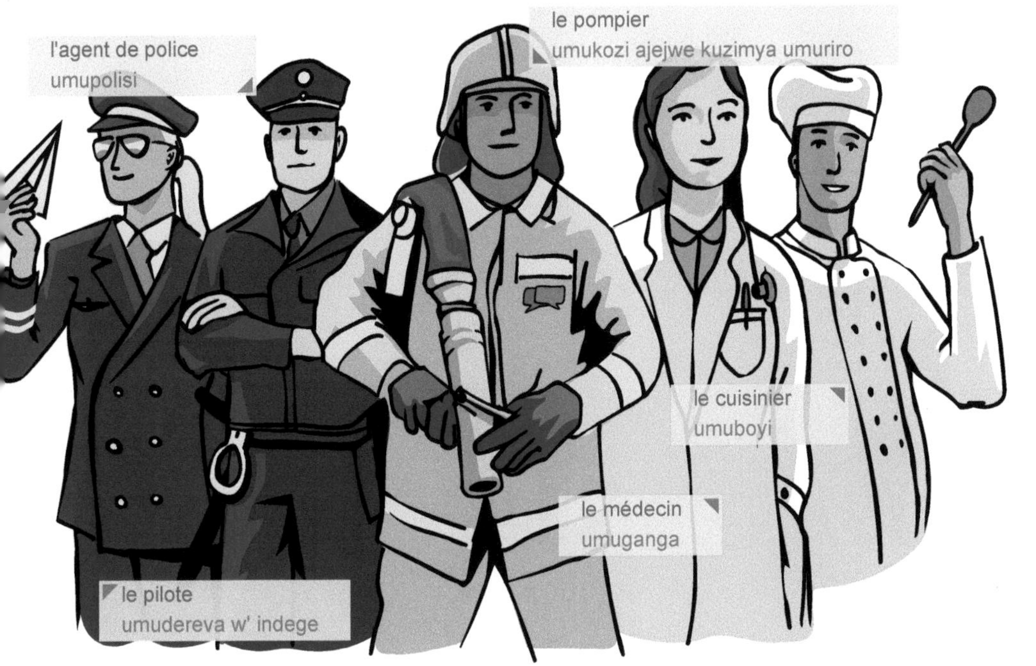
l'agent de police
umupolisi
le pompier
umukozi ajejwe kuzimya umuriro
le cuisinier
umuboyi
le médecin
umuganga
le pilote
umudereva w' indege

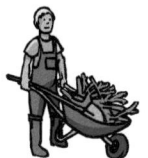

le jardinier

umukozi akora murikarima

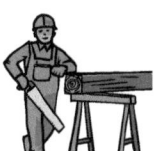

le menuisier

umubaji

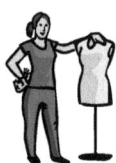

la couturière

umushonyi

le juge

umucamanza

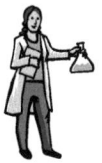

le chimiste

umuhinga mu vya chimie

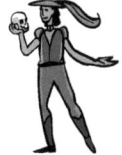

l'acteur

umukinyi w'amareresi

le conducteur de bus

umudereva w' ibisi

le chauffeur de taxi

umudereva w' itagisi

le pêcheur

umurovyi

la femme de ménage

umuzezwanzukazi

le couvreur

sharupantiye

le serveur

umukozi wo muburiro
n'ubunywero

le chasseur

umuhigi

le peintre

umufundi w' amarangi

le boulanger

umuntu akora imikate

l'électricien

umufundi w' amatara

l'ouvrier

umwubatsi

l'ingénieur

enjeniyeri

le boucher

umuyangayanga

le plombier

umufundi w' amazi

le facteur

umuparanto

le soldat

umusoda

l'architecte

umuntu acapa inyubako

le caissier

umuntu yakira amahera

le fleuriste

mukozi ajejwe amashugwe

le coiffeur

kimyozi

le contrôleur

kontororeri

le mécanicien

umufundi w' imiduga

le capitaine

umudereva w' ubwato

le dentiste

umuganga w' amenyo

le scientifique

umuhinga mu vya siyansi

le rabbin

umuhinga mu bayahudi bita rabi

l'imam

imame

le moine

umuvugiramana

le prêtre

umuvugiramana

les outils

ibikoresho vy' ubwubatsi

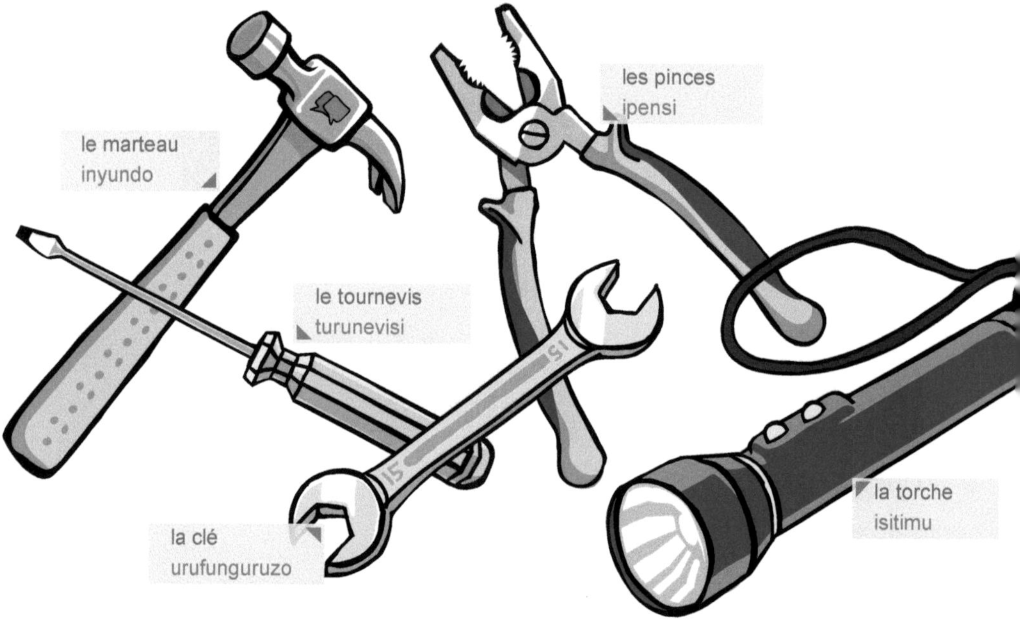

le marteau
inyundo
les pinces
ipensi
le tournevis
turunevisi
la clé
urufunguruzo
la torche
isitimu

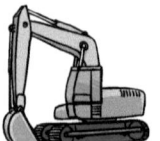

la pelleteuse

tingatinga

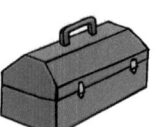

la boîte à outils

isaho y' ibikoresho

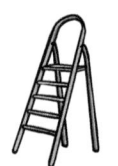

l'échelle

ingazi

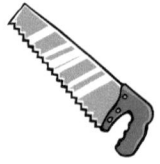

la scie

umusumeno

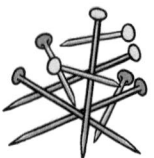

les clous

imisumari

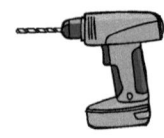

la perceuse

icuma bita foreuse

réparer
....
gukora

la pelle
....
igipawa

Mince !
....
asyi!

la pelle
....
agaterura umucafu

le pot de peinture
....
indobo y' irangi

les vis
....
ivis

les instruments de musique
ivyuma vyo gucuraranga

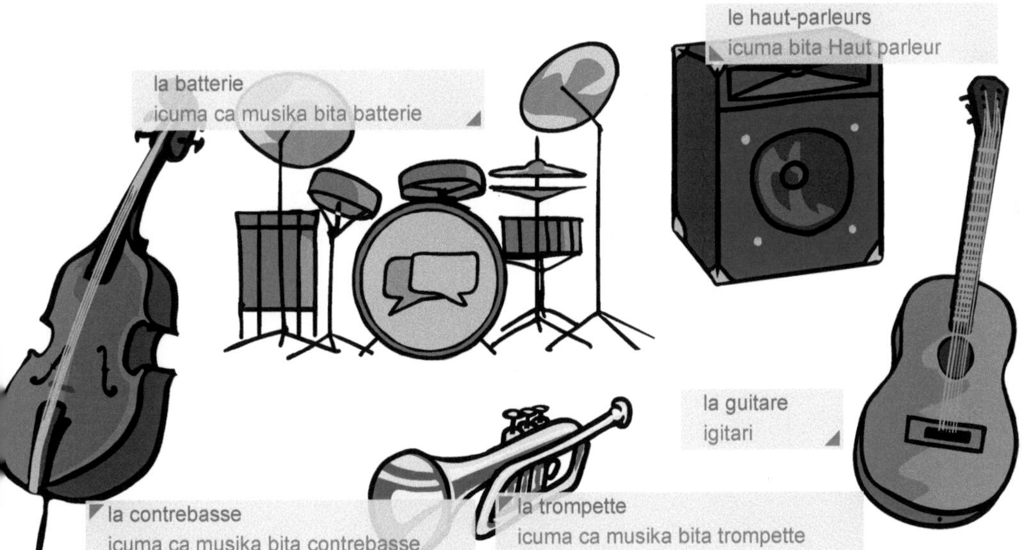

le haut-parleurs
icuma bita Haut parleur

la batterie
icuma ca musika bita batterie

la guitare
igitari

la contrebasse
icuma ca musika bita contrebasse

la trompette
icuma ca musika bita trompette

le piano

icuma ca musika bita piano

le violon

icuma ca musika bita violon

la basse

gitare icuranga Bass

les timbales

icuma ca musika bita timbale

le tambour

ingoma

le piano électrique

icuma ca musika bita piano electrique

le saxophone

icuma ca musika bita saxophone

la flûte

umwirongi

le microphone

mikoro

le zoo

iratiro ry' ibikoko

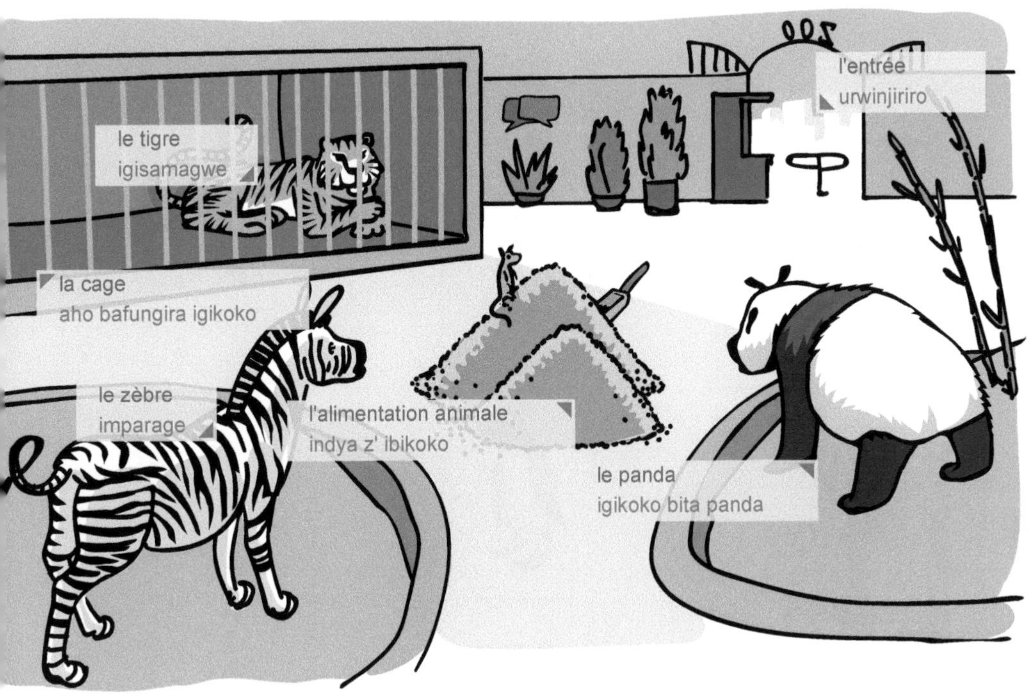
l'entrée
urwinjiriro
le tigre
igisamagwe
la cage
aho bafungira igikoko
le zèbre
imparage
l'alimentation animale
indya z' ibikoko
le panda
igikoko bita panda

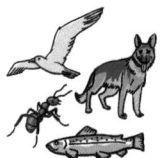

les animaux

ibikoko

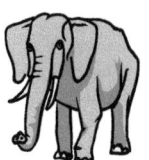

l'éléphant

inzovu

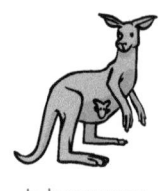

le kangourou

Kanguru

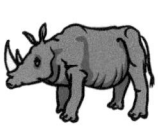

le rhinocéros

igikoko bita Rhynoceros

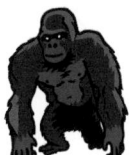

le gorille

inguge

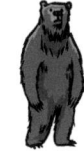

l'ours

igikoko bita ours

le chameau

ingamiya

l'autruche

inyoni bita autriche

le lion

intare

le singe

inkende

le flamand rose

inyoni bita flamant rose

le perroquet

gasuku

l'ours polaire

igikoko bita ours blanc

le pingouin

inyoni bita pinguin

le requin

ifi bita requin

le paon

inyoni bita paon

le serpent

inzoka

le crocodile

ingona

le gardien de zoo

umurinzi w' iratiro ry' ibikoko

le phoque

igikoko bita phoque

le jaguar

igikoko bita jaguar

le poney

bwoko bw' ifarasi bita pony

le léopard

ingwe

l'hippopotame

imvubu

la girafe

umusumbarembo

l'aigle

agaca

le sanglier

ingurube y' ishamba

le poisson

ifi

la tortue

akanyamasyo

le morse

igikoko bita morse

le renard

imbwebwe

la gazelle

ingeregere

l'american Football
urukino rwa football yo muri amerika

le cyclisme
ugusiganwa ku makinga

le tennis
urukino rwa tennis

le basket-ball
urukino rwa basketball

la natation
koga

la boxe
urukino rw' ingumu

le hockey sur glace
urukino rwa ice-hockey

le football
umupira w'amaguru

le badminton
urukino rwa badminton

l'athlétisme
ubunonotsi

le handball
urukino rwa handball

le ski
urukino rwa ski

le polo
urukino rwa Polo

rire
gutwenga

sauter
gusimba

embrasser
kugumbirana

marcher
kugenda

chanter
kuririmba

rêver
kurota

prier
gusenga

faire la bise
gusoma

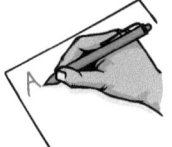

écrire

kwandika

dessiner

gucapa

montrer

kwereka

pousser

gusuguma

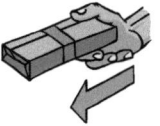

donner

gutanga

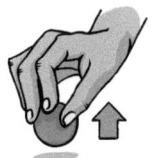

prendre

gutora

avoir

kugira

faire

kugira

être

kuba

être debout

guhagarara

courir

kwiruka

trier

gukwega

jeter

guta

tomber

gutemba

être couché

kurambarara hasi

attendre

kurindira

porter

gutwara

être assis

kwicara

s'habiller

kwambara

dormir

kuryama

se réveiller

kuvyuka

regarder
kuraba

pleurer
kurira

caresser
kwagaza

peigner
gusokoza

parler
kuvuga

comprendre
gutahura

demander
kubaza

écouter
kumviriza

boire
kunywa

manger
gufungura

ranger
gutondeka

aimer
gukunda

cuire
guteka

conduire
gutwara

voler
kuguruka

faire de la voile

kugira siporo bita voile

calculer

guharura

lire

gusoma

apprendre

kwiga

travailler

gukora

se marier

kurongora

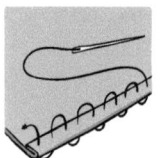

coudre

gushona

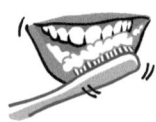

brosser les dents

kwijigitura

tuer

kwica

fumer

kunywa itabi

envoyer

kurungika

la famille
umuryango

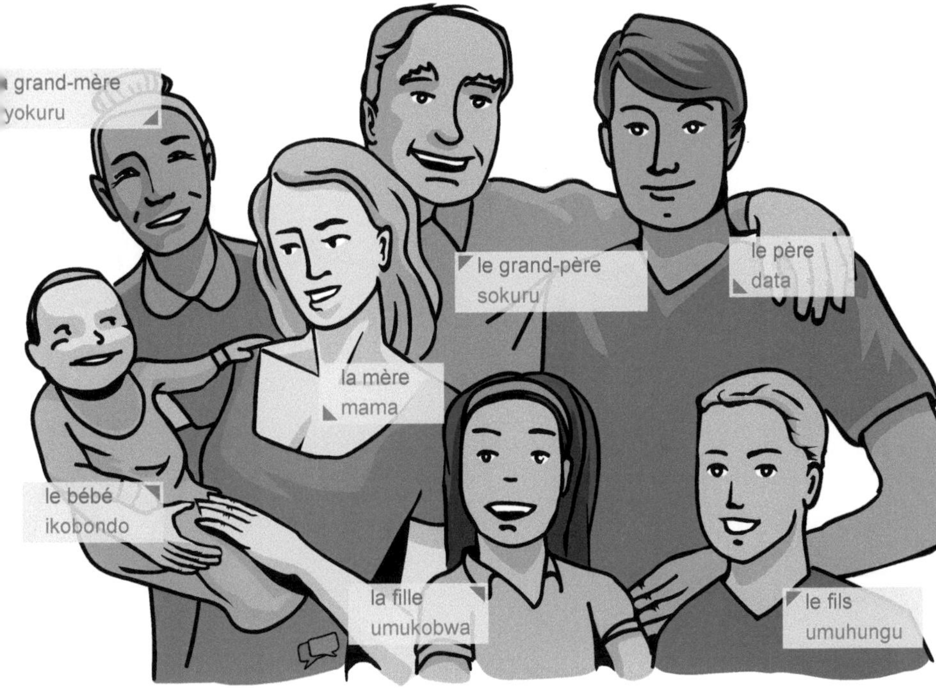

grand-mère
yokuru
le grand-père
sokuru
le père
data
la mère
mama
le bébé
ikobondo
la fille
umukobwa
le fils
umuhungu

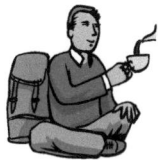

l'hôte

umushitsi

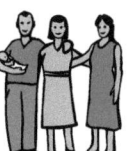

la tante

masenge

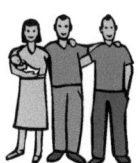

l'oncle

marume

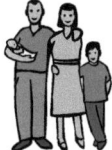

le frère

musaza w' umuntu

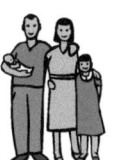

la sœur

mushiki w' umuntu

le corps
umubiri

le front
agahanga
l'œil
ijisho
l'épaule
urutugu
le doigt
urutoki
le visage
isura
le menton
agasakanwa
la main
ikiganza
la poitrine
agatuntu
la jambe
ukuguru
le bras
ukuboko

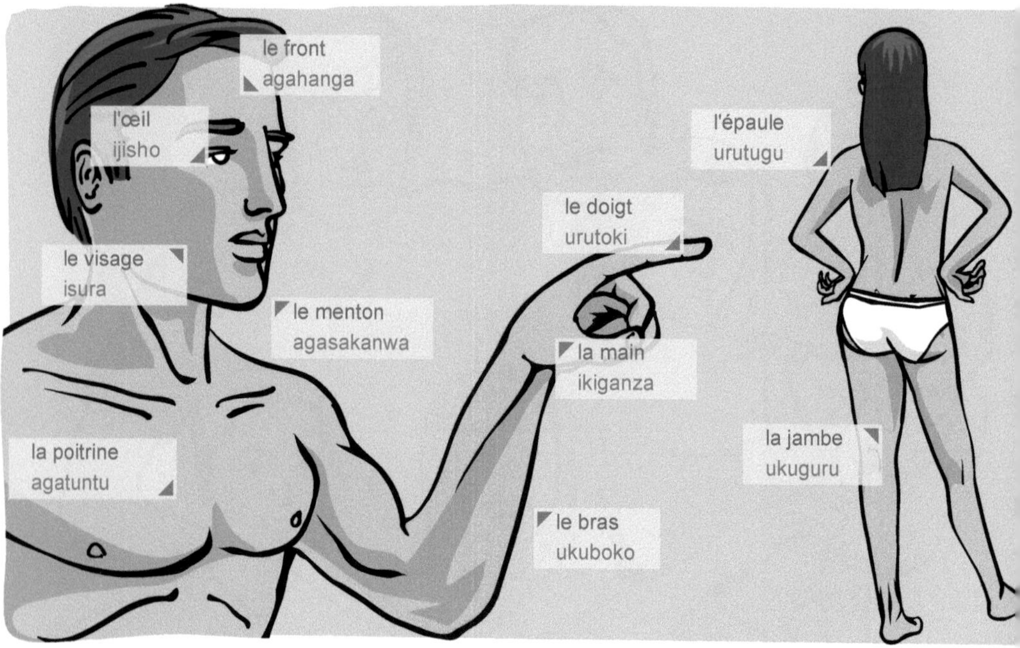

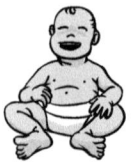

le bébé
ikobondo

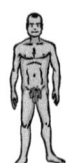

l'homme
umugabo

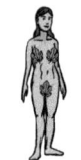

la femme
umugore

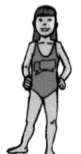

la fille
umwigeme

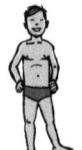

le garçon
umuhungu

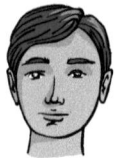

la tête
umutwe

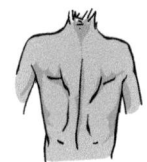

le dos

umugongo

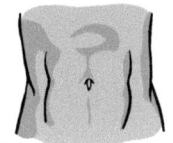

le ventre

inda

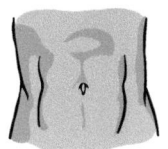

le nombril

umukondo

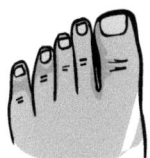

l'orteil

ino

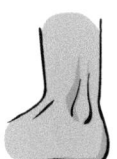

le talon

agatsintsiri

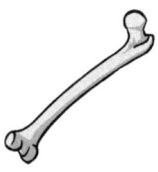

l'os

igufa

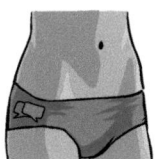

la hanche

ku mafyigo

le genou

ivi

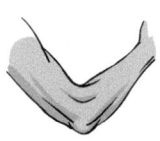

le coude

inkokora

le nez

izuru

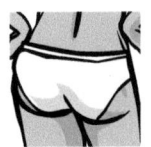

les fesses

igisusu

la peau

urukoba

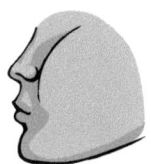

la joue

itama

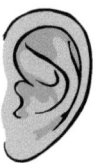

l'oreille

ugutwi

la lèvre

umunwa

la bouche
umunwa

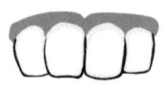

la dent
iryinyo

la langue
ururimi

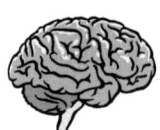

le cerveau
ubwonko

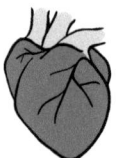

le cœur
umutima

le muscle
umutsi

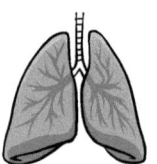

les poumons
ihaha

le foie
igitigu

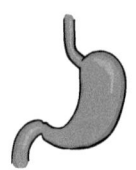

l'estomac
umushishito

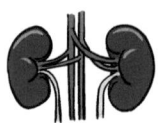

les reins
amafyigo

le rapport sexuel
kurangura amabanga
y'abubatse

le préservatif
agapfuko

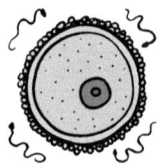

l'ovule
imbuto y' umugore

le sperme
imbuto y'umugabo

la grossesse
imbanyi

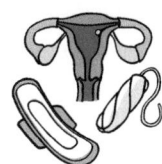

la menstruation

kuja mu kwezi

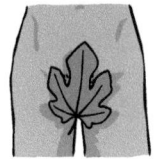

le vagin

igituba

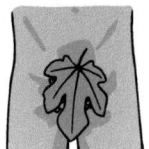

le pénis

imboro

le sourcil

ingohe

les cheveux

umushatsi

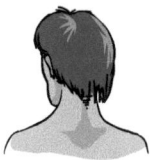

le cou

izosi

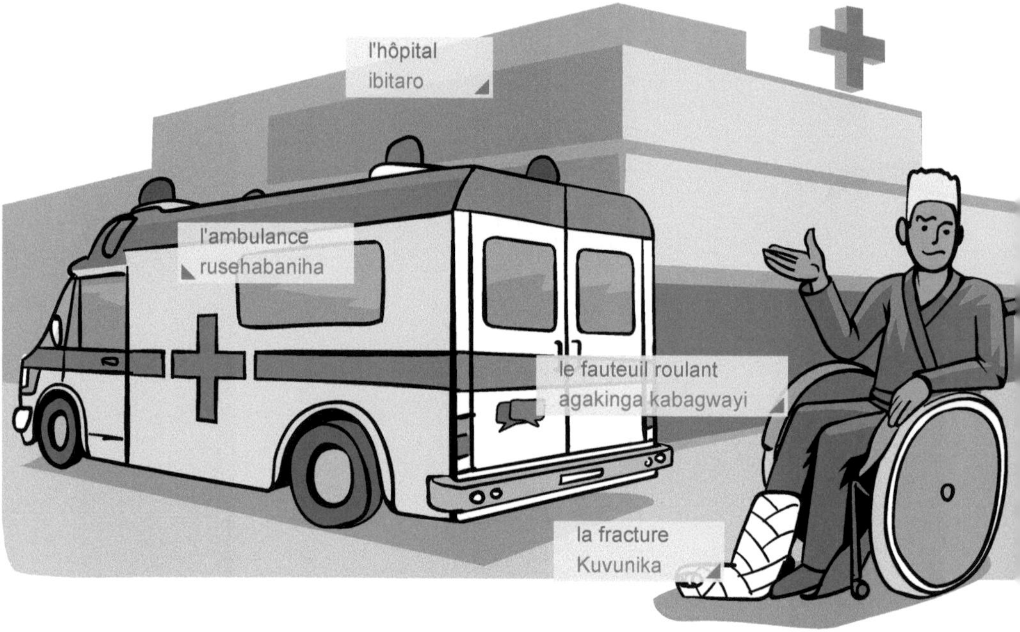

l'hôpital

ibitaro

l'hôpital
ibitaro
l'ambulance
rusehabaniha
le fauteuil roulant
agakinga kabagwayi
la fracture
Kuvunika

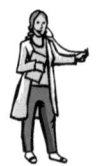

le médecin

umuganga

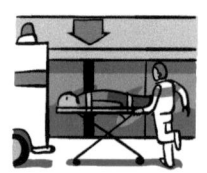

le service des urgences

mundembe

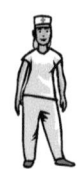

l'infirmière

umuforomokazi

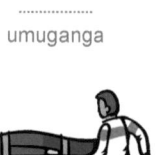

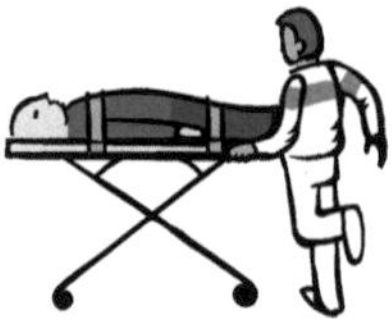

l'urgence

irijanse

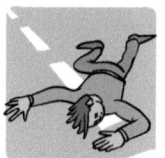

inconscient

guta ubwenge

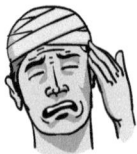

la douleur

ububabare

la blessure

igikomere

l'hémorragie

kuva amaraso

la crise cardiaque

uguhagarara k' umutima

l'attaque cérébrale

kuvira indani

l'allergie

guhurirwa

la toux

inkorora

la fièvre

ubushuhe bw'umubiri

la grippe

giripe

la diarrhée

gucibwamwo

le mal de tête

kumeneka umutwe

le cancer

Kanseri

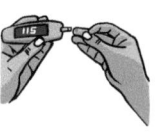

le diabète

Diyabeti

le chirurgien

muganga ajejwe kubaga

le scalpel

akuma ka muganga ubaga

l'opération

kubagwa

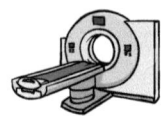

le CT

sikaneri

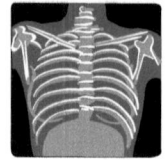

la radiographie

radiyogarafi

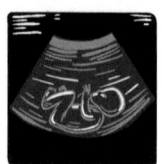

l'échographie

ekogarafi

le masque

masike

la maladie

indwara

la salle d'attente

aho kurindirira

la béquille

icishimikizo

le pansement

gufuka igikomere

le pansement

gufuka igikomere

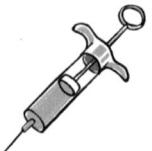

l'injection

gutera urushinge

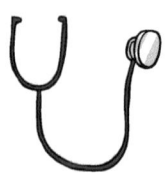

le stéthoscope

icuma cumviriza amahaha
n'umutima

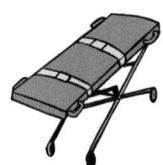

le brancard

ingovyi

le thermomètre

igipima umuriro w' umubiri

l'accouchement

kuvuka

la surcharge pondérale

umuvyibuho urengeje

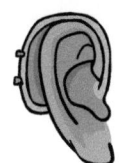

l'appareil auditif

igifasha umuntu kumva
neza

le désinfectant

imiti y' ibikomere

l'infection

kwandura

le virus

umugera

le VIH / le sida

umugera wa sida

le médicament

ubuvuzi

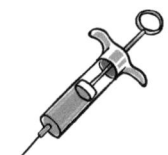

la vaccination

guhabwa urucanco

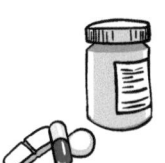

les comprimés

ibinini

la pilule

ikinini mbonezamvyaro

l'appel d'urgence

telefone itabaza

le tensiomètre

igipima umuvuduko w'
amaraso

malade / sain

arwaye / akomeye

Au secours !

muntabare!

l'alarme

ikengere

l'assaut

igitero

l'attaque

igitero

le danger

ibihe bikomeye

la sortie de secours

icanzo

Au feu!

umuriro!

l'extincteur

ikizimyamwoto

l'accident

isanganya

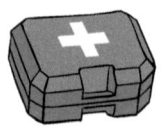

la trousse de premier
secours

isanduku y' ubutabazi

SOS

ubutabazi

la police

igipolisi

l'Europe

Buraya

l'Amérique du Nord

Uburaruko bw' amerika

l'Amérique du Sud

Ubumanuko bw' amerika

l'Afrique

Afurika

l'Asie

Aziya

l'Australie

Ositarariya

l'Océan atlantique

ibahari y' Antalantika

l'Océan pacifique

ibahari ya Pasifika

l'Océan indien

ibahari y' Ubuhinde

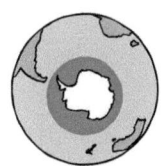

l'Océan antarctique

ibahari y' Antaragitika

l'Océan arctique

ibahari y' Aragitika

le Pôle nord

Uburaruko bw' umubumbe
w' isi

le Pôle sud

Ubumanuko bw' umubumbe
w' isi

l'Antarctique

antaragitika

la terre

isi

le pays

isi

la mer

ibahari

l'île

izinga

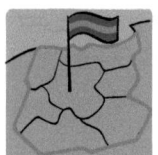

la nation

igihugu

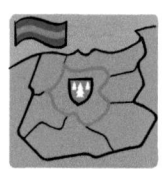

l'état

reta

le cadran

aho barabira isaha

l'aiguille des heures

urushinge rw' amasaha

l'aiguille des minutes

urushinge rw' iminota

l'aiguille des secondes

urushinge rw' amasegonda

Quelle heure est-il ?

ni gihe ki?

le jour

umunsi

le temps

igihe

maintenant

ubu nyene

la montre digitale

isaha ya electronique

la minute

umunota

l'heure

isaha

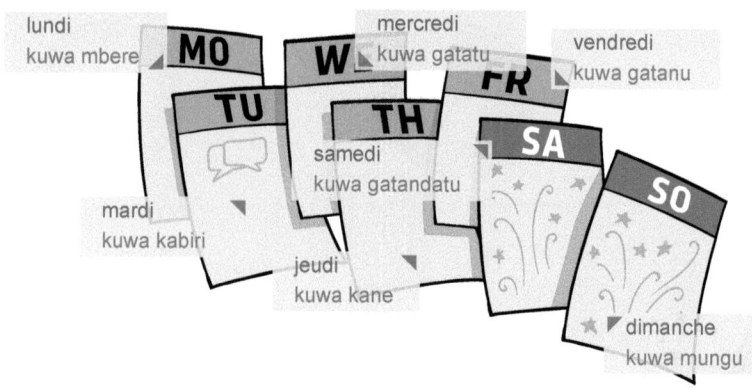

lundi
kuwa mbere

mercredi
kuwa gatatu

vendredi
kuwa gatanu

samedi
kuwa gatandatu

mardi
kuwa kabiri

jeudi
kuwa kane

dimanche
kuwa mungu

hier

ejo haheze

aujourd'hui

ubunyene

demain

ejo hazoza

le matin

mu gatondo

le midi

sasita

le soir

ku mugoroba

les jours ouvrables

iminsi y' ibikorwa

le week-end

weekende

l'année
umwaka

la pluie
imvura
l'arc-en-ciel
umunywamazi
la neige
urubura
le vent
umuyaga
le printemps
igihe c' umwaka bita printemps
l'automne
igihe c' umwaka bita Automne
l'été
ici
l'hiver
igihe c' umwaka bita hiver

4.APRIL 11°
5.APRIL 4°
6.APRIL 13°
7.APRIL 8°
8.APRIL 10°

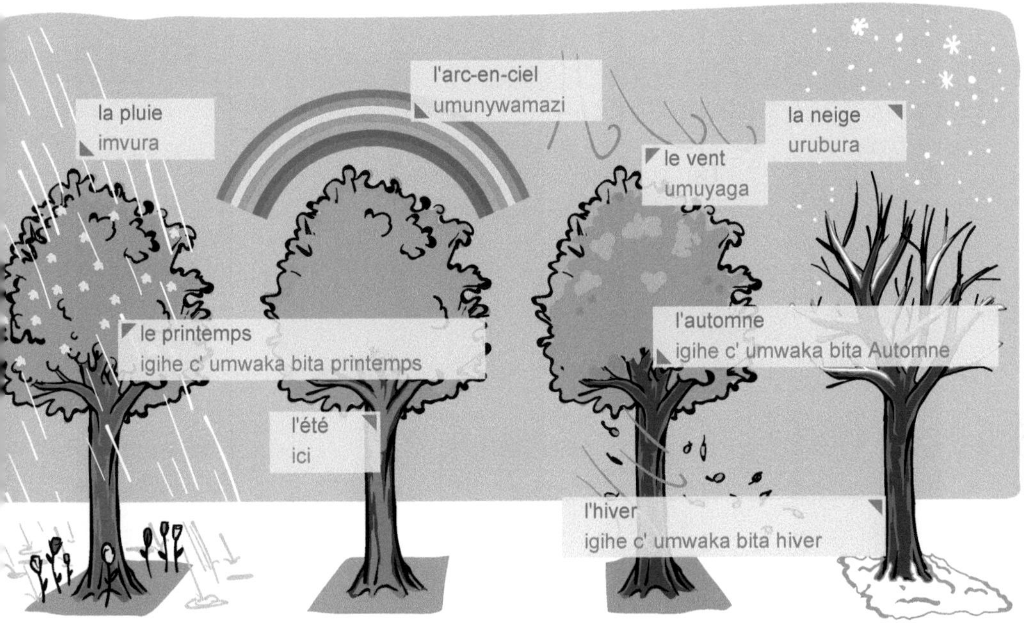

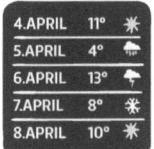

la météo

ikirangabihe

F C
120 90 60 30 0 -30
40 30 20 10 0 -10 -20

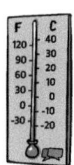

le thermomètre

igipima ubushuhe bw' umubiri

la lumière du soleil

ubuseruko bw' izuba

le nuage

igicu

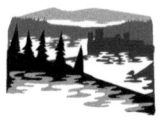

le brouillard

igipfungu

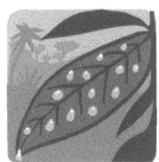

l'humidité

ifira

la foudre

umuravyo

la tonnerre

inkuba

la tempête

igihuhusi

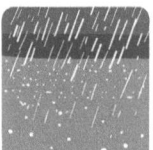

la grêle

urubura

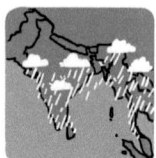

la mousson

igihuhusi bita mousson

l'inondation

umwuzure

la glace

ibarafu

janvier

nzero

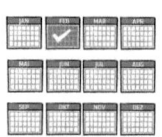

février

ruhuhuma

mars

ntwarante

avril

ndamukiza

mai

rusama

juin

ruhenshi

juillet

mukakaro

août

myandagaro

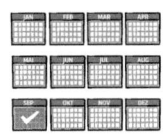

septembre

nyakanga

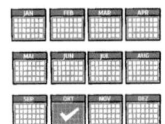

octobre

gitugutu

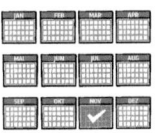

novembre

munyonyo

décembre

migarama

les formes

forume geometrike

le cercle

umuzingi

le carré

ikwadarato

le rectangle

urikiramende

le triangle

inyabutatu

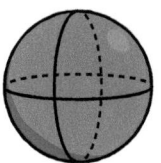

la sphère

umubumbe

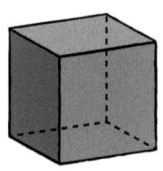

le cube

agasandugu

les couleurs

amabara

blanc

ibara ryera

jaune

ibara ry' umuhondo

orange

ibara risa n' umucungwe

rose

ibara rya rose

rouge

ibara ritukura

violet

ibara rya mauve

bleu

ibara ry' ubururu

vert

ibara ry'icatsi kibisi

marron

ibara ry' igihogo

gris

ibara rya gris

noir

ibara ryirabura

beaucoup / peu

vyinshi / bikeyi

fâché / calme

washavuye / utekereje

joli / laid

mwiza / mubi

le début / la fin

intanguriro / iherezo

grand / petit

kinini / gitoyi

clair / obscure

gikeye / cijimye

frère / soeur

musaza w' umuntu / mushiki
w' umuntu

propre / sale

gisukuye / gicafuye

complet / incomplet

gikwiye / gicagatiye

le jour / la nuit

umunsi / ijoro

mort / vivant

wapfuye / ariho

large / étroit

cagutse / caga

comestible / incomestible

kiryoshe / kibishe

méchant / gentil

umutima mubi / umutima mwiza

excité / ennuyé

anezerewe / arambiwe

gros / mince

kivyibushe / conze

le premier / le dernier

cambere / canyuma

l'ami / l'ennemi

umugenzi / umwansi

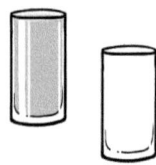

plein / vide

cuzuye / kiri gusa

dur / souple

kigumye / coroshe

lourd / léger

kiremereye / gihwahutse

faim / soif

inzara / inyota

malade / sain

arwaye / akomeye

illégal / légal

cemewe n'amategeko / kitemewe n'amategeko

intelligent / stupide

incabwenge / ikijuju

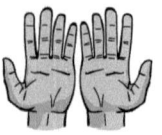

gauche / droite

ibubamfu / iburyo

proche / loin

hafi / kure

nouveau / usé

gishasha / gishaje

rien / quelque chose

ntaco / kiriho

vieux / jeune

umutama / urwaruka

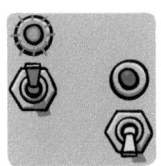

marche / arrêt

kwatsa / kuzimya

ouvert / fermé

kugurura / kugara

faible / fort

gitekereje / gifise urwamo

riche / pauvre

umutunzi / umukene

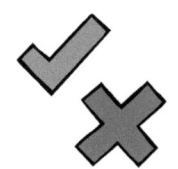

correct / incorrect

nivyo / sivyo

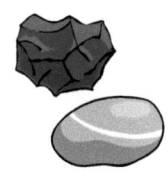

rugueux / lisse

kigoramye / kigororotse

triste / heureux

ashavuye / anezerewe

court / long

kigufi / kirekire

lent / rapide

kigenda bukebuke /
kinyaruka

mouillé / sec

gitose / cumye

chaud / froid

gishushe buhoro / gikanye
buhoro

la guerre / la paix

intambara / amahoro

les nombres

ibiharuro

0	**1**	**2**
zéro	un / une	deux
ubusa	rimwe	kabiri
3	**4**	**5**
trois	quatre	cinq
gatatu	kane	gatanu
6	**7**	**8**
six	sept	huit
gatandatu	indwi	umunani
9	**10**	**11**
neuf	dix	onze
icenda	cumi	cumi na rimwe

12

douze

cumi na kabiri

13

treize

cumi na gatatu

14

quatorze

cumi na kane

15

quinze

cumi na gatanu

16

seize

cumi na gatandatu

17

dix-sept

cumi n' indwi

18

dix-huit

cumi n' umunani

19

dix-neuf

cumi n' icenda

20

vingt

mirongo ibiri

100

cent

ijana

1.000

mille

igihumbi

1.000.000

le million

umuriyoni

les langues

l'anglais

Icongereza

l'anglais américain

Icongereza co muri Amerika

le chinois mandarin

Mandare kivugwa mu bushinwa

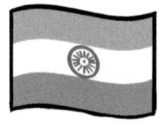

le hindi

Igihinde

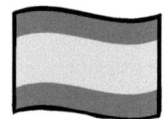

l'espagnol

Ikispaniya

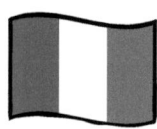

le français

Igifaransa

l'arabe

Icarabu

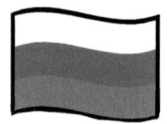

le russe

Ikirusiya

le portugais

Igiporitigare

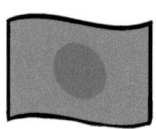

le bengali

Ikibengare

l'allemand

Ikidage

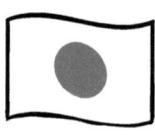

le japonais

Ikiyapani

je

jewe

tu

wewe

il / elle / ce, c', cela

we / we / co

nous

twebwe

vous

mwebwe

ils / elles

bo

Qui ?

inde?

Quoi ?

iki?

Comment ?

gute?

Où ?

hehe?

Quand ?

ryari?

le nom

izina

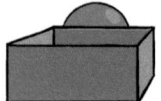

derrière
....
inyuma ya

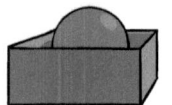

dans
....
indani ya

devant
....
imbere ya

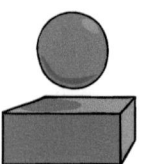

au-dessus
....
hejuru ya

sur
....
ku

en-dessous
....
munsi ya

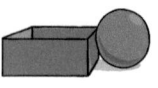

à côté de
....
mu mbavu ya

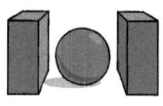

entre
....
hagati ya

le lieu
....
ikibanza